SABFA'S MAKE-UP BASIC

contents

003 Chapter 01
● 印象の演出／形・色・質感‥‥‥

015 Chapter 02
● メイクアップの基礎知識‥‥‥‥
- 016　顔の骨格と表情筋
- 018　標準のプロポーション
- 020　顔型の変化
　　　　パーツの形と与える印象
- 022　メイクによる視覚的錯覚
- 028　配色の考え方
- 034　質感によるイメージ
- 036　ツール

039 Chapter 03
● 肌づくり‥‥‥‥‥‥‥‥‥‥‥
- 041　メイクアップを落とす
- 042　肌を整える
- 044　基本の肌づくり
- 048　肌の質感づくり
- 052　顔型に合わせた肌づくり

055 Chapter 04
● 各パーツの対応‥‥‥‥‥‥‥‥
- 056　眉
- 057　眉をカットする
- 058　眉の描き方／標準・直線・曲線
- 062　眉の個別対応
　　　　／下がり眉、上がった短い眉、薄い眉
- 065　目
- 067　アイメイクアップの基本テクニック
- 070　目の描き方／切れ長・丸みのある目
- 072　目の個別対応
　　　　／下がった目尻、上がった目尻、一重
- 076　頬
- 077　チークカラーの入れ方／標準・丸・シャープ
- 080　顔型別チークカラーの入れ方／丸顔・面長
- 081　唇
- 082　リップの描き方
　　　　／標準・ストレート・アウトカーブ・インカーブ
- 087　唇の個別対応
　　　　／厚い唇・薄い唇・口角の下がった唇

091 Chapter 05
● 顔をデザインする‥‥‥‥‥‥‥
- 092　スペースバランスの見方
- 094　顔立ちマップと分析の仕方
- 097　イメージの演出
　　　　／フレッシュ・キュート・やさしい・クール

107 Chapter 06
● 個性を演出する‥‥‥‥‥‥‥‥
- 108　顔型を生かす&変える
　　　　／面長・丸顔・四角顔・面長×子供バランス

Chapter 01

第 1 章
印象の演出
形・色・質感

メイクアップには、さまざまな表現があります。個性を強調する、可愛く見せる、大人っぽく見せる、華やかにもクールにも…。ここでは、形、色、質感、その組み合わせによって、一人の女性がどう変化するか見てみましょう。

Form
形 … 直線

印象の演出

Form
 形 … 曲線

Color

色 … ペールトーン ＋ ブライトトーン

印象の演出

Color
色 … ダークトーン ＋ ライトトーン

Texture

質感 … シアー

印象の演出

Texture
質感 … マット

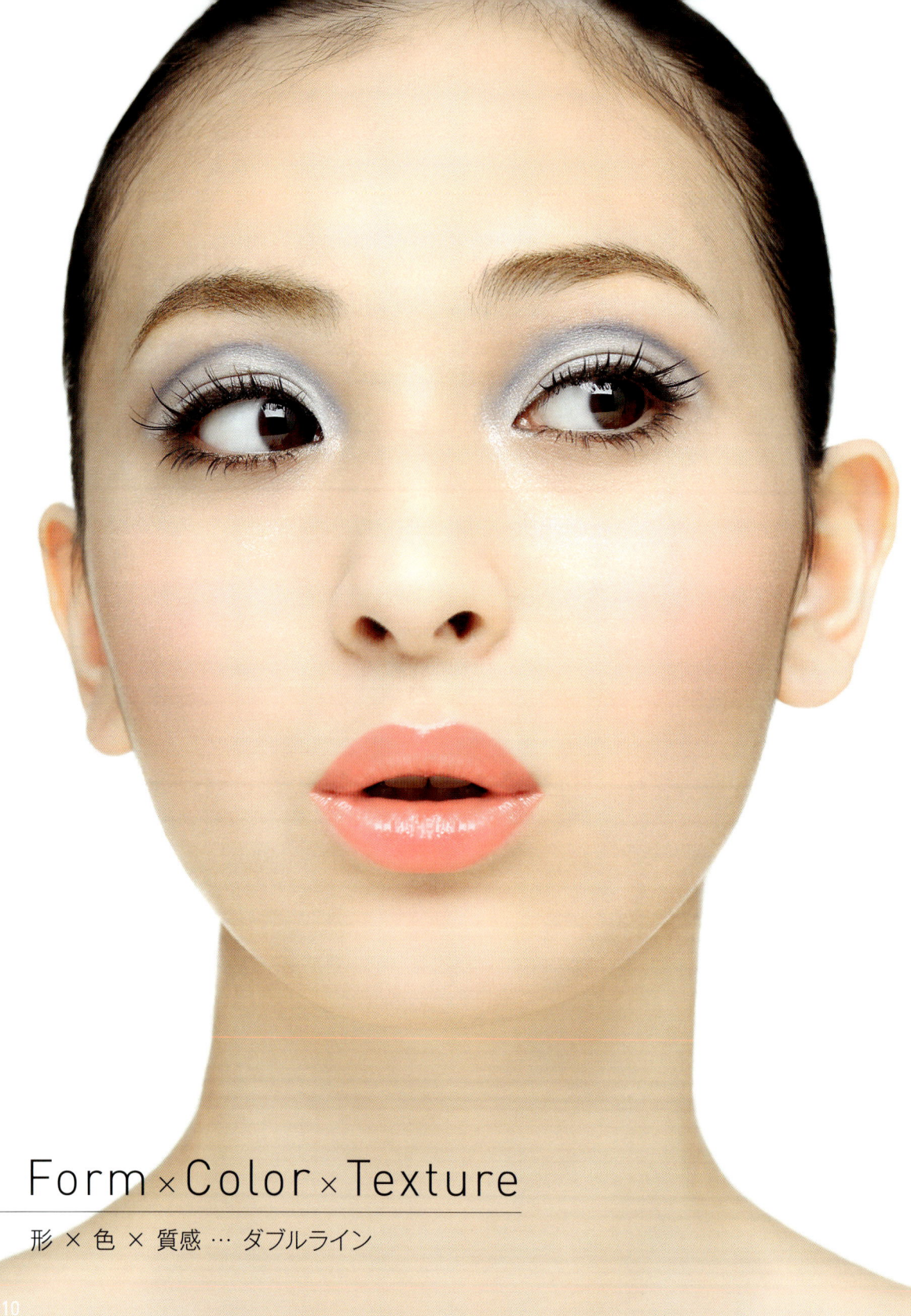

Form × Color × Texture
形 × 色 × 質感 … ダブルライン

印象の演出

Form × Color × Texture
形 × 色 × 質感 … ダブルシャドー

Form × Color × Texture
形 × 色 × 質感 … ライン

印象の演出

Form × Color × Texture
形 × 色 × 質感 … グラデーション

013

Message

本著「SABFA'S MAKE-UP BASIC」は、メイクアップの基礎・基本にこだわり、あえて「BASIC」としました。それはメイクアップ表現する上で、基礎・基本をマスターすることがメイクアップの可能性を無限大に広げ、思いを形にするクリエーションに繋げることができるとSABFA教育を通して確信しているからです。

私たちが美容のプロフェッショナルとしてメイクアップデザインを考えるとき、クリエーションするときにメイクアップ表現に大切な要素は、この5つがポイントです。

1. 美容知識・情報の応用力
2. 美容技術とその表現力
3. 美しさを見極める分析力
4. 人を美しく似合わせる感性と構成力
5. 要望の把握と自分の考えを伝えるコミュニケーション力

この中でも特に2,3の内容を中心にイラストだけでなく実際の顔に表現し、メイクアップの礎となる理解を深めていただける内容にしています。

そこには、メイクアップの疑問や、なぜに応える裏付けのあるノウハウが込められています。顔立ち、眉、目もと、口もとなどのパーツのケーススタディーも、実践で役に立つテクニックを紹介しています。

本書に出会ったことで、皆さんがメイクアップ技術と知識だけでなく、クリエーションに必要な柔軟な発想と表現力に磨きをかけ、一人でも多くの方の「美しさ」「きれい」を提案、実現できることを願っています。

これが、私とSABFA講師陣が本書を通してお伝えしたいことです。

2015年4月
SABFA 校長　富川　栄

Chapter 02

第 2 章
メイクアップの基礎知識

メイクアップは、顔に施す多彩な個性表現です。骨格、筋肉など、土台となる顔のつくりを理解すると共に、顔全体の印象に大きく影響する形の視覚的効果や、色、質感のイメージについても知っておく必要があります。メイクアップをデザインするために、基本的な知識を覚えておきましょう。

The Frame of The Face
顔の骨格

顔は各パーツの骨がそれぞれ縫合という関節でつながり、複雑に精緻に組み合わさってできています。
メイクアップに関連する骨格については覚えておきましょう。

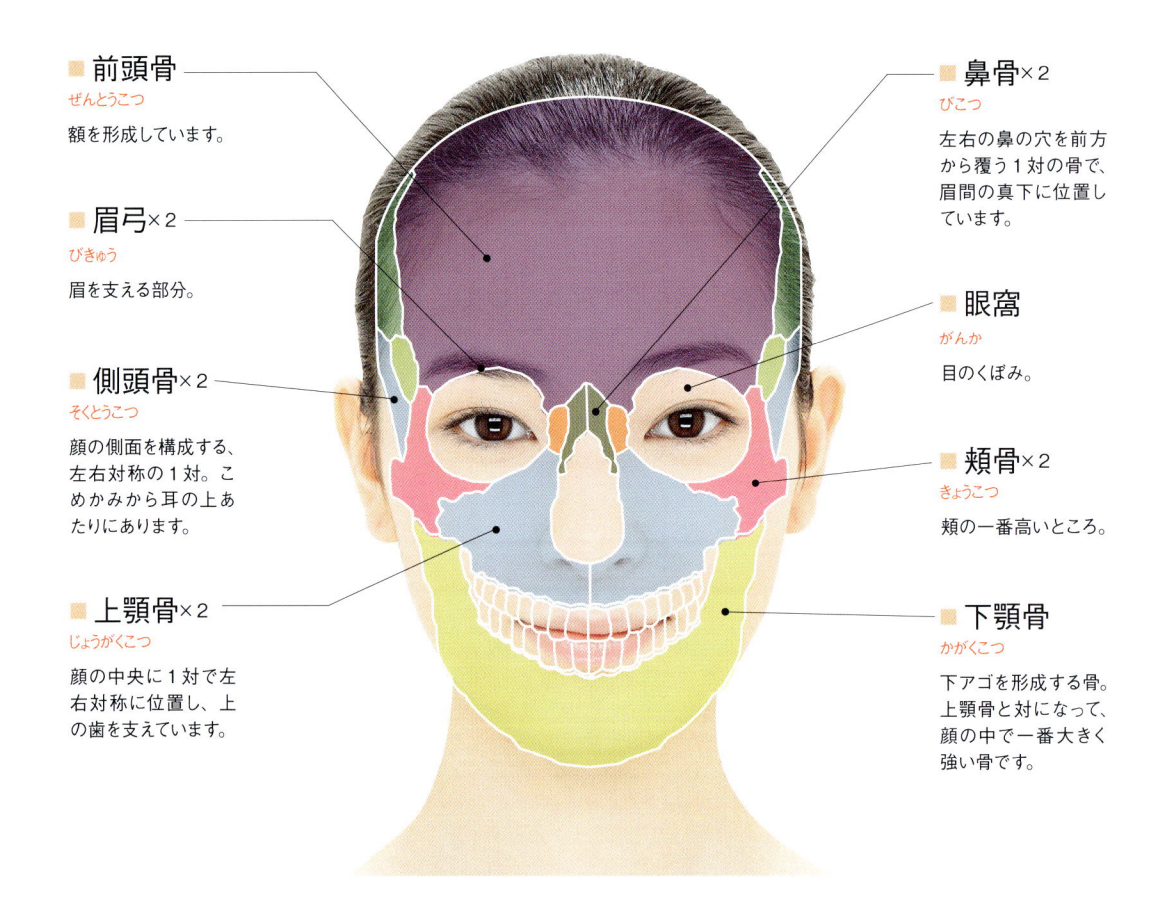

■ **前頭骨**
ぜんとうこつ
額を形成しています。

■ **眉弓**×2
びきゅう
眉を支える部分。

■ **側頭骨**×2
そくとうこつ
顔の側面を構成する、左右対称の1対。こめかみから耳の上あたりにあります。

■ **上顎骨**×2
じょうがくこつ
顔の中央に1対で左右対称に位置し、上の歯を支えています。

■ **鼻骨**×2
びこつ
左右の鼻の穴を前方から覆う1対の骨で、眉間の真下に位置しています。

■ **眼窩**
がんか
目のくぼみ。

■ **頬骨**×2
きょうこつ
頬の一番高いところ。

■ **下顎骨**
かがくこつ
下アゴを形成する骨。上顎骨と対になって、顔の中で一番大きく強い骨です。

016

The Muscle of The Face

表情筋

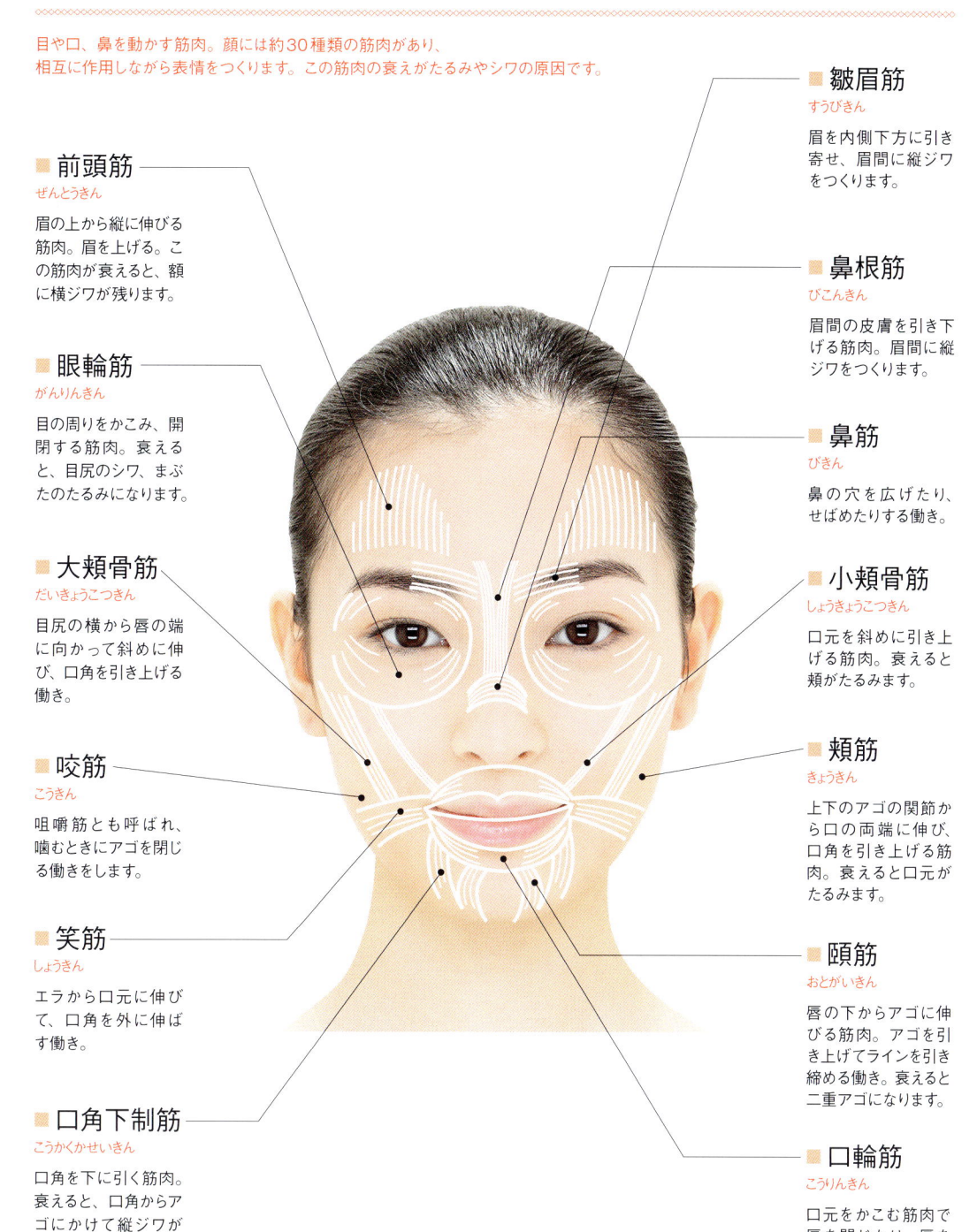

目や口、鼻を動かす筋肉。顔には約30種類の筋肉があり、
相互に作用しながら表情をつくります。この筋肉の衰えがたるみやシワの原因です。

■ **前頭筋**
ぜんとうきん

眉の上から縦に伸びる筋肉。眉を上げる。この筋肉が衰えると、額に横ジワが残ります。

■ **眼輪筋**
がんりんきん

目の周りをかこみ、開閉する筋肉。衰えると、目尻のシワ、まぶたのたるみになります。

■ **大頬骨筋**
だいきょうこつきん

目尻の横から唇の端に向かって斜めに伸び、口角を引き上げる働き。

■ **咬筋**
こうきん

咀嚼筋とも呼ばれ、噛むときにアゴを閉じる働きをします。

■ **笑筋**
しょうきん

エラから口元に伸びて、口角を外に伸ばす働き。

■ **口角下制筋**
こうかくかせいきん

口角を下に引く筋肉。衰えると、口角からアゴにかけて縦ジワができます。

■ **皺眉筋**
すうびきん

眉を内側下方に引き寄せ、眉間に縦ジワをつくります。

■ **鼻根筋**
びこんきん

眉間の皮膚を引き下げる筋肉。眉間に縦ジワをつくります。

■ **鼻筋**
びきん

鼻の穴を広げたり、せばめたりする働き。

■ **小頬骨筋**
しょうきょうこつきん

口元を斜めに引き上げる筋肉。衰えると頬がたるみます。

■ **頬筋**
きょうきん

上下のアゴの関節から口の両端に伸び、口角を引き上げる筋肉。衰えると口元がたるみます。

■ **頤筋**
おとがいきん

唇の下からアゴに伸びる筋肉。アゴを引き上げてラインを引き締める働き。衰えると二重アゴになります。

■ **口輪筋**
こうりんきん

口元をかこむ筋肉で唇を閉じたり、唇を突きだす働き。

Golden Balance

標準のプロポーション

個性を活かしたり調整したりするための基準となる、
顔のプロポーションです。
顔の特徴を判断する物差しとしても使います。

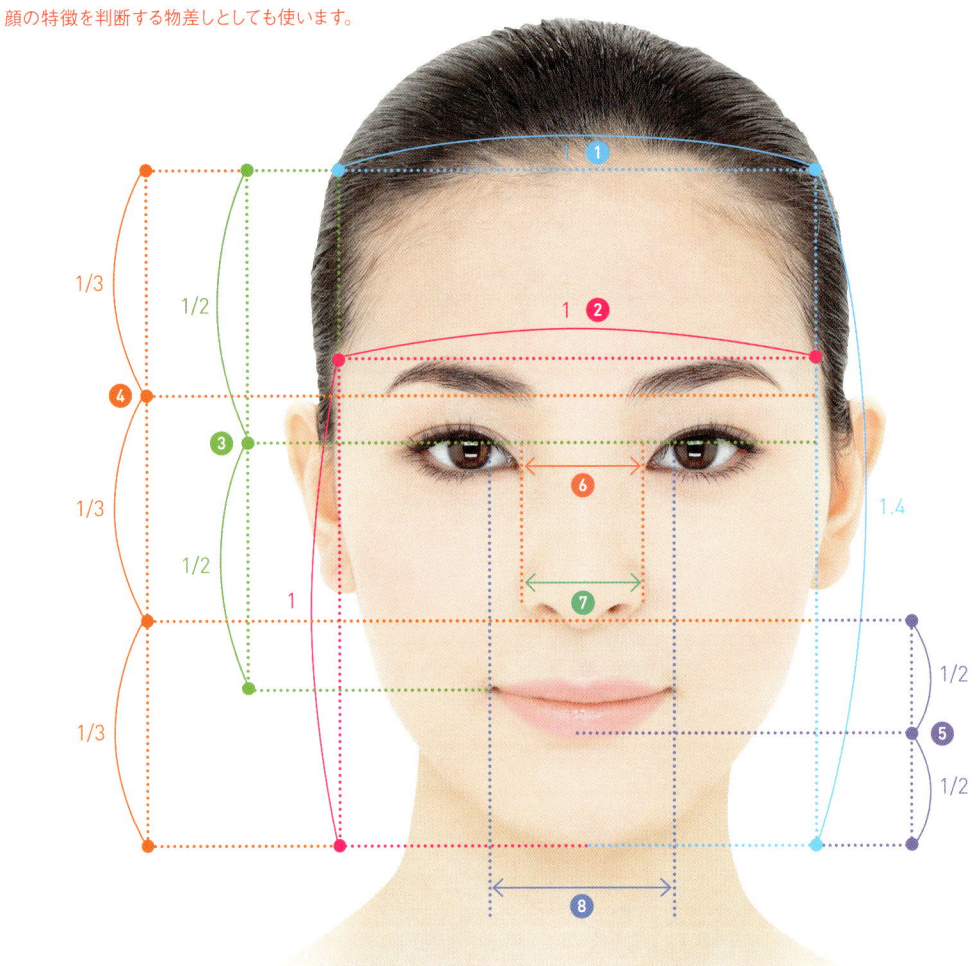

顔のGバランス

顔型：卵形

① 横幅：生え際からアゴ先までの長さ＝1：1.4

② 横幅：眉山の高さ＝1：1

③ 目の位置：生え際から口角までの長さの2分の1

④ 眉の位置は、生え際からアゴ先までを顔の長さとすると、上から3分の1。小鼻の位置は次の3分の1。

⑤ 口の位置：小鼻からアゴ先までの2分の1に下唇の下線がくる。

⑥ 目幅：目と目の間にもうひとつ目が入るくらい。

⑦ 鼻幅：目幅と同じ幅

⑧ 口幅：両目の虹彩（黒目）の内側を下ろしたところが目安。

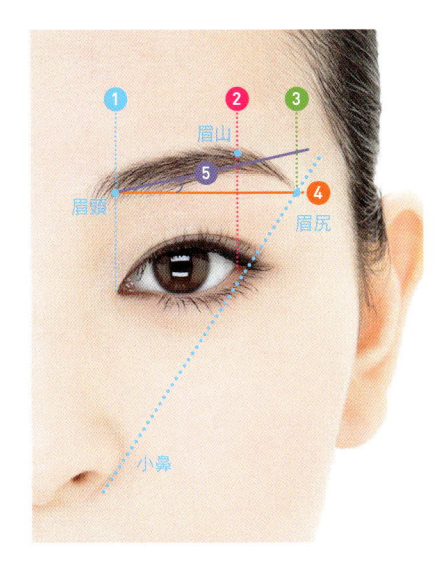

眉のGバランス

1. 眉頭の位置は目頭の真上
2. 眉山の位置は眉頭から約3分の2で、白眼の終わりの真上
3. 眉尻の位置は小鼻と目尻を結んだ延長線上
4. 眉尻の高さは眉頭と水平
5. 眉の下側の角度は約10度

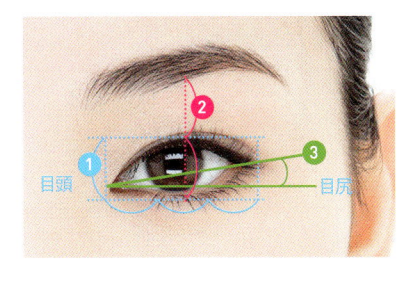

目のGバランス

1. 目の縦幅：横幅＝1：3
2. 目の縦幅：まぶた幅＝1：1
3. 目尻の下側の角度は約10度

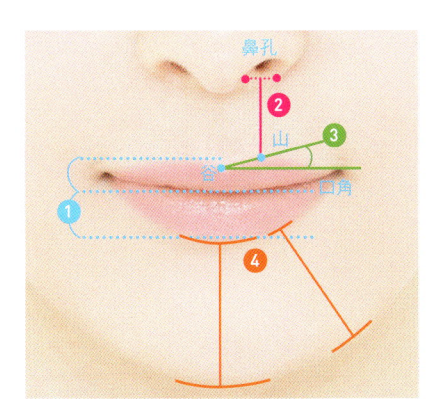

唇のGバランス

1. 上唇：下唇＝1：1.3〜1.5
2. 山の位置は、鼻孔の中心を下ろしたところ
3. 上唇の谷から山への角度は10度〜15度
4. 下唇の形と底辺は、形はアゴラインにほぼ平行、底辺はアゴ先とほぼ同じで、上唇の山と山の幅よりやや長め

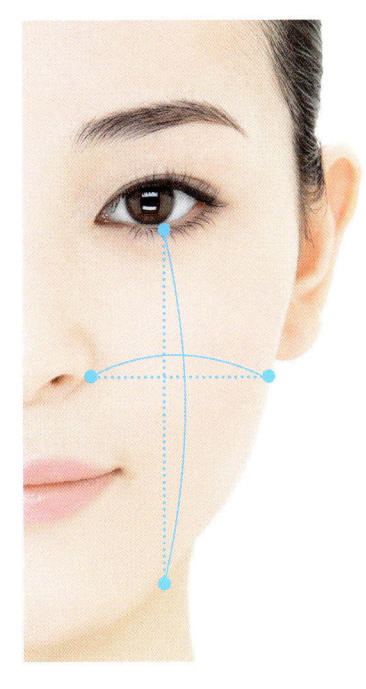

頬のGバランス

小鼻の横から輪郭までの水平線：瞳の下から輪郭までの垂直線＝1：2

The Frame of The Face
顔型の変化

●大人と子供の顔のバランスやパーツの違いを見極めましょう。

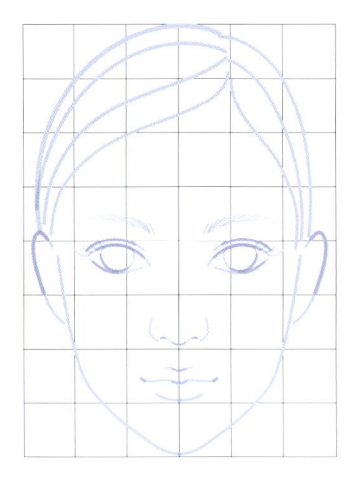

[大人]

・顔の下半分がしっかりしていて、顔が長い
・目と口の間が広い
・目と目の間が狭い（求心的）
・眉毛が濃い
・口幅は大きい

[子供]

・顔の下半分が短く小さい
・目と口の間が狭い
・目と目の間が広い（遠心的）
・鼻の長さは短く、鼻幅も狭い
・眉毛が薄い
・口幅は小さい

●成人しても大人の顔の要素と子供の顔の要素の違いで、その人の顔の特徴をつかむ事ができます。

[大人バランス] 　　　　　　[子供バランス]

The Frame of The Face
パーツの形と与える印象

直線と曲線のそれぞれのフォルムを知ることで、その人の顔の特徴をつかむことができます。

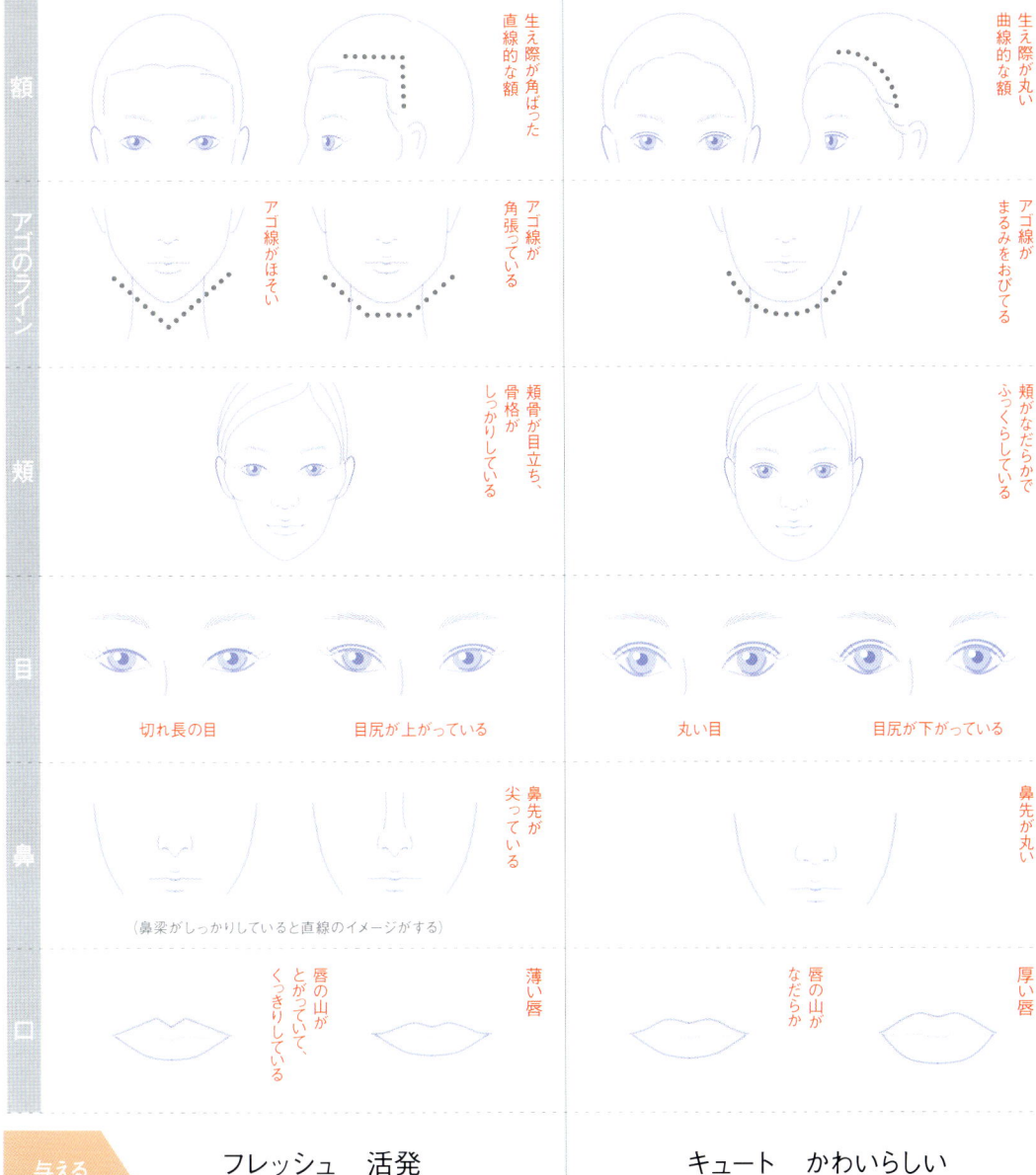

	[直線を感じる]	[曲線を感じる]
額	生え際が角ばった直線的な額	生え際が丸い曲線的な額
アゴのライン	アゴ線がほそい / アゴ線が角張っている	アゴ線がまるみをおびてる
頬	頬骨が目立ち、骨格がしっかりしている	頬がなだらかでふっくらしている
目	切れ長の目 / 目尻が上がっている	丸い目 / 目尻が下がっている
鼻	鼻先が尖っている（鼻梁がしっかりしていると直線のイメージがする）	鼻先が丸い
口	薄い唇 / 唇の山がとがっていて、くっきりしている	厚い唇 / 唇の山がなだらか
与える印象	フレッシュ　活発　シャープ　クール　知的	キュート　かわいらしい　やさしい　エレガント

印象の演出　メイクアップの基礎知識　肌づくり　各パーツの対応　顔をデザインする　個性を演出する

021

Optical Illusion

メイクによる視覚的錯覚

メイクアップにおける「かたち」の構成には、「錯覚」という現象が大きく関係しています。
ここでは、形、線、太さ、輪郭の大きさ、色の濃淡などを例に、印象の違いを見ましょう。

[直線と曲線]　眉、目もと、口もとを例に、比較してみましょう。

直線的なメイク

シャープ、静的

全体にストレートなラインは、シャープでスッキリした印象になります。

曲線的なメイク

ソフト、動的、女らしい

全体に丸みを帯びたラインは、女らしくソフトな印象になります。

[上昇線と下降線] 眉、目もと、口もとを例に、比較してみましょう。

上昇線

軽い、明るい

キリッとした感じに仕上がり、明るく活動的な印象になります。

下降線

寂しい、落ち着いた、重い

優しい感じになりますが、強調すると寂しい印象になります。

[眉と目の関係] 同じ大きさ（目）でも、周りの線（眉）の長さ、太さ、濃淡によって、大きさが異なって見えます。

長い眉 ……大人っぽい、洗練された

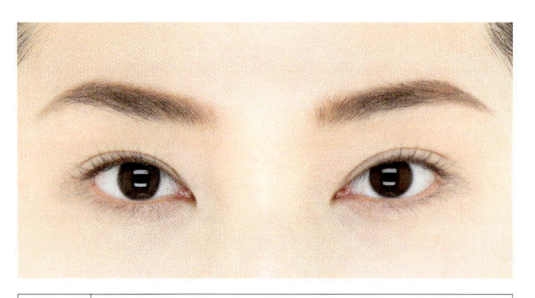

眉が長いと、目はやや小さく見えます。

短い眉 ……子供っぽい、可愛い

眉が短いと、目はやや大きく見えます。

細い眉 ……繊細、大人っぽい／きつくなる

眉が細く長いとまぶたが広く見え、目はやや小さく見えます。

太い眉 ……元気、若々しい／野暮ったい

眉が太く短いとまぶたが狭く見え、目はやや大きく見える。

濃い眉 ……たくましい、活発／男性的

眉が濃いと、目の印象がやや弱く見えます。

薄い眉 ……初々しい、優しい／寂しい

眉が薄いと、目の印象がやや強く見えます。

[アイメイクと目の関係]

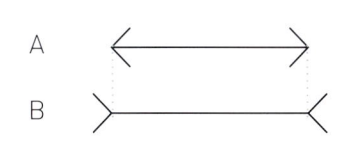

A ⟷
B ⟵⟶

横線の錯覚
左図のAとBは同じ長さの線ですが、矢印を内側に向けたAは、線の長さを止めるので短く見え、逆にBは長く見えます。これを目元のメイクアップに利用してみましょう。

アイラインで目を囲む

⟷ 目幅が短く見えます。

↓

さらに際全体にアイシャドーをプラスする

⟷ 目の丸さがより強調されます。

目尻にアイラインを引く

⟵⟶ 目幅が長く見えます。

↓

さらに目頭と目尻にアイラインをプラスする

⟵⟶ 切れ長の目がより強調されます。

［ 眉と顔型の関係 ］

縦線の錯覚

同じ長さの縦線ですが、上に引かれた線の方向によって違う長さに見えます。縦線の長さは同じですが、Aが一番短く見え、Cが一番長く見えます。

A. 眉尻の下がった眉

・顔を短く感じさせます
・線の方向が下を示すため、頬がよりふっくらと見えます

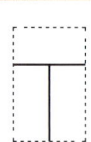

B. 水平の眉

・頬がふっくらと見えます
・線の方向が水平なので、顔を短く感じさせます

C. 眉尻の上がった眉

・顔を長く感じさせます
・線の方向が斜め上を示すため、頬がスッキリと見えます

[肌色と口の関係]

A 明るい色＝膨張（大きく見える）　B 暗い色＝収縮（小さく見える）

明暗の錯覚
AとBは同じ大きさの円ですが、Aの方が大きく見えます。Bのような暗い色は引き締めてすっきり見せ、Aのように明るい色はふっくらと豊かに見せる作用があります。

● 同じ口紅を塗っても、肌色によってその色の見え方や顔の大きさが異なります。

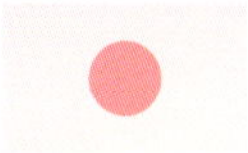

膨張

収縮

・明るめの肌色は膨張色と言われ、顔をふっくらと大きく見せます。
・ペールピンクの口紅をつけると、唇が引き立って見えます。

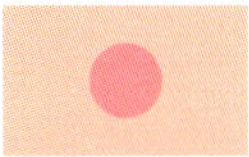

・暗めの肌色は収縮色と言われ、すっきりと小顔に見せます。
・ペールピンクの口紅をつけると、唇が浮いて見えます。

Color Balance

配色の考え方

色は形と同様に大切な要素です。形が同じでも色が変わればイメージも変わってしまうほど、色の影響が大きいのです。

[色の分類]

色を大きく分類すると、有彩色（赤、青、緑など色味のあるもの）と無彩色（白、黒、グレーなど）に分けられます。
さらに、色みのある有彩色は、暖色系、寒色系、中性色（24色相環参照）に分けられます。

（24色相環：暖色系／中性色／寒色系／中性色）

参考資料／日本色研事業（株）

暖色系

色相環の中で赤に近い方の色で、赤紫、赤、橙、黄などがあります。太陽の赤や、燃える炎を連想させ、暖かさ、情熱、興奮を感じさせます。

寒色系

色相環の中で青に近い方の色で、緑、青緑、青、青紫などがあります。流れる水やすんだ湖を連想させ、涼しさ、冷たさ、すがすがしさ、知性などを感じさせます。

中性色

暖色にも寒色にも属さない色です。紫は高貴、神秘さを感じさせ、黄緑は平和、穏やかさを感じさせます。

[トーン（色調）の分類]

色調（トーン）は、"明度／明るさ"と"彩度／鮮やかさ"によって構成されています。

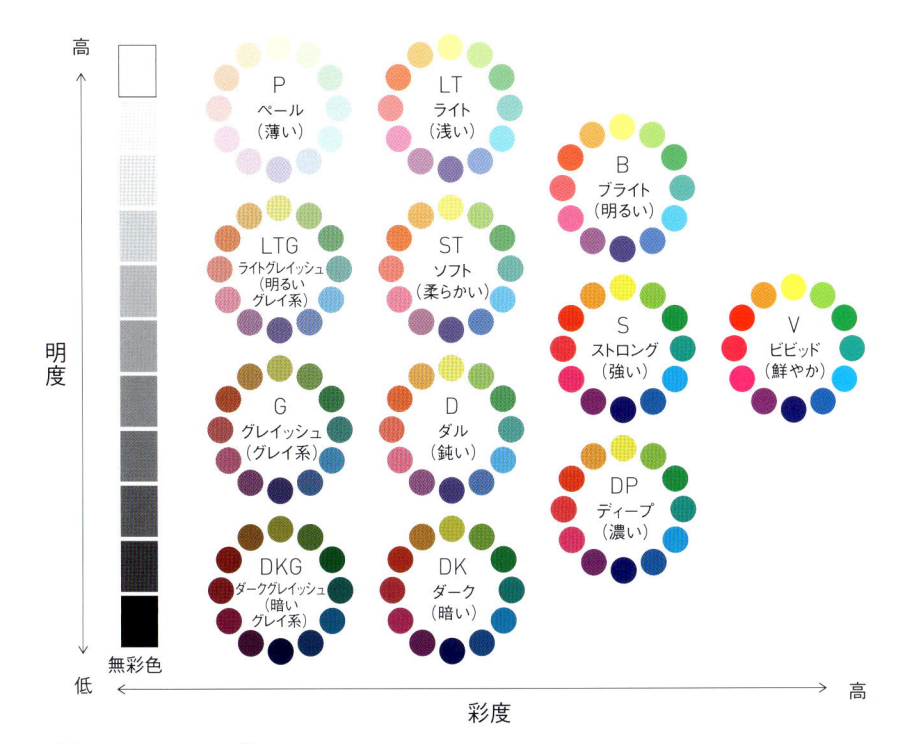

参考資料／日本色研事業（株）PCCS

明度 高↑↓低　無彩色　彩度 低→高

- P ペール（薄い）
- LT ライト（浅い）
- B ブライト（明るい）
- LTG ライトグレイッシュ（明るいグレイ系）
- ST ソフト（柔らかい）
- S ストロング（強い）
- V ビビッド（鮮やか）
- G グレイッシュ（グレイ系）
- D ダル（鈍い）
- DP ディープ（濃い）
- DKG ダークグレイッシュ（暗いグレイ系）
- DK ダーク（暗い）

[トーンの持つイメージ]

色にイメージがあるように、トーンにもイメージがあります。

明度 高↑↓低　彩度 低→高

ペール
ソフト、ロマンティック、淡い、優しい、清らか、子供っぽい

ライト
明るい、爽やか、穏やか、陽気

ブライト
明るい、陽気、健康的

ライトグレイッシュ
落ち着いた、渋い、大人しい

ソフト
柔らかな、ぼんやりした、穏やか

ビビッド
派手、鮮やかな、生き生きした、目立つ

グレイッシュ
モダンな、濁った、シック

ダル
鈍い、くすんだ、重い

ストロング
くどい、動的、情熱的

ディープ
深い、充実した、伝統的、濃い、渋い

ダークグレイッシュ
重い、堅い、男性的

ダーク
円熟した、大人っぽい、重厚、クール

［色みによるイメージ］

メイクアップの色味は大きく黄み（ウォーム系）と青み（クール系）に分けられます。
同じ色相の中でも、暖かく見える色がウォーム系。青みがかっている色がクール系です。

黄み（ウォーム系）

黄みがかっている色のみでメイクしています。
（親しみやすい／明るく活発なイメージ）

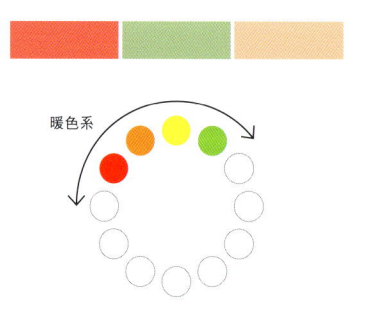

暖色系

青み（クール系）

青みがかった色のみでメイクしています。
（洗練された／モダンなイメージ）

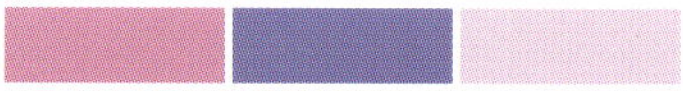

寒色系

［色相によるイメージ］

同一色相は、暖色系同士を組み合わせて。
反対色相は、中性色の緑と紫を組み合わせてメイクアップしています。

同一色相

同じ色相の中で、明度と彩度が違う色同士の組み合わせ。
統一感があり、調和のとれた印象になります。
（落ち着きがあり、上品）

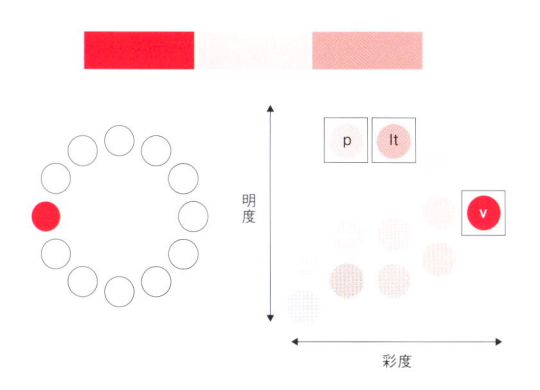

反対色相

色相環上で、反対側にある色相同士の組み合わせ。
コントラストがあり、はっきりした強い印象になります。
（派手、活動的）

[色の濃淡の組み合わせによるイメージ]

色相とトーンの組み合わせによって、仕上がりのイメージが異なります。

淡い目もと × 淡い口もと

目もとと口もととの両方の色みを抑えることで、表情そのものの美しさを引き出し、ピュアな表情を演出します。

淡い目もと × 濃い口もと

口もとを大胆に強調し、目もととの色みをぐっと抑え、そのコントラストによって、シックな大人っぽさを演出します。

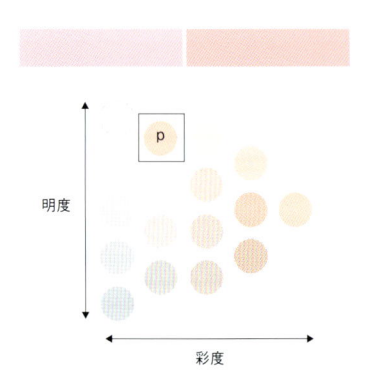

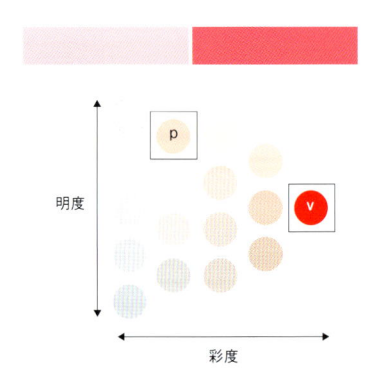

濃い目もと　×　淡い口もと

目もとを大胆に強調し、口もとの色みをぐっと抑え、そのコントラストによって、洗練された大人の表情を演出します。

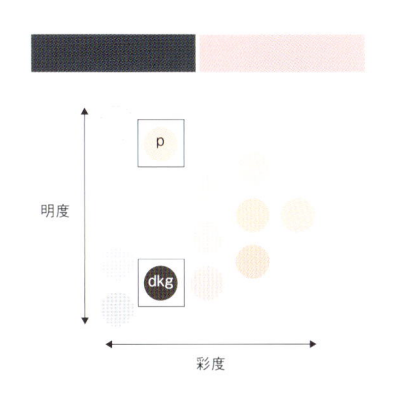

濃い目もと　×　濃い口もと

目もとと口もとの両方を強調することで、グラマラスでドラマチックな表情を演出します。

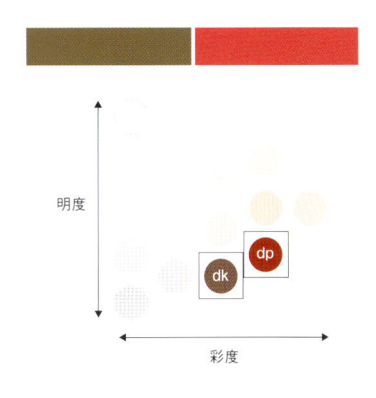

印象の演出

メイクアップの基礎知識

肌づくり

各パーツの対応

顔をデザインする

個性を出す

033

Texture Balance

質感によるイメージ

色や形が大きく変わらなくても、質感が異なるだけで印象が異なります。

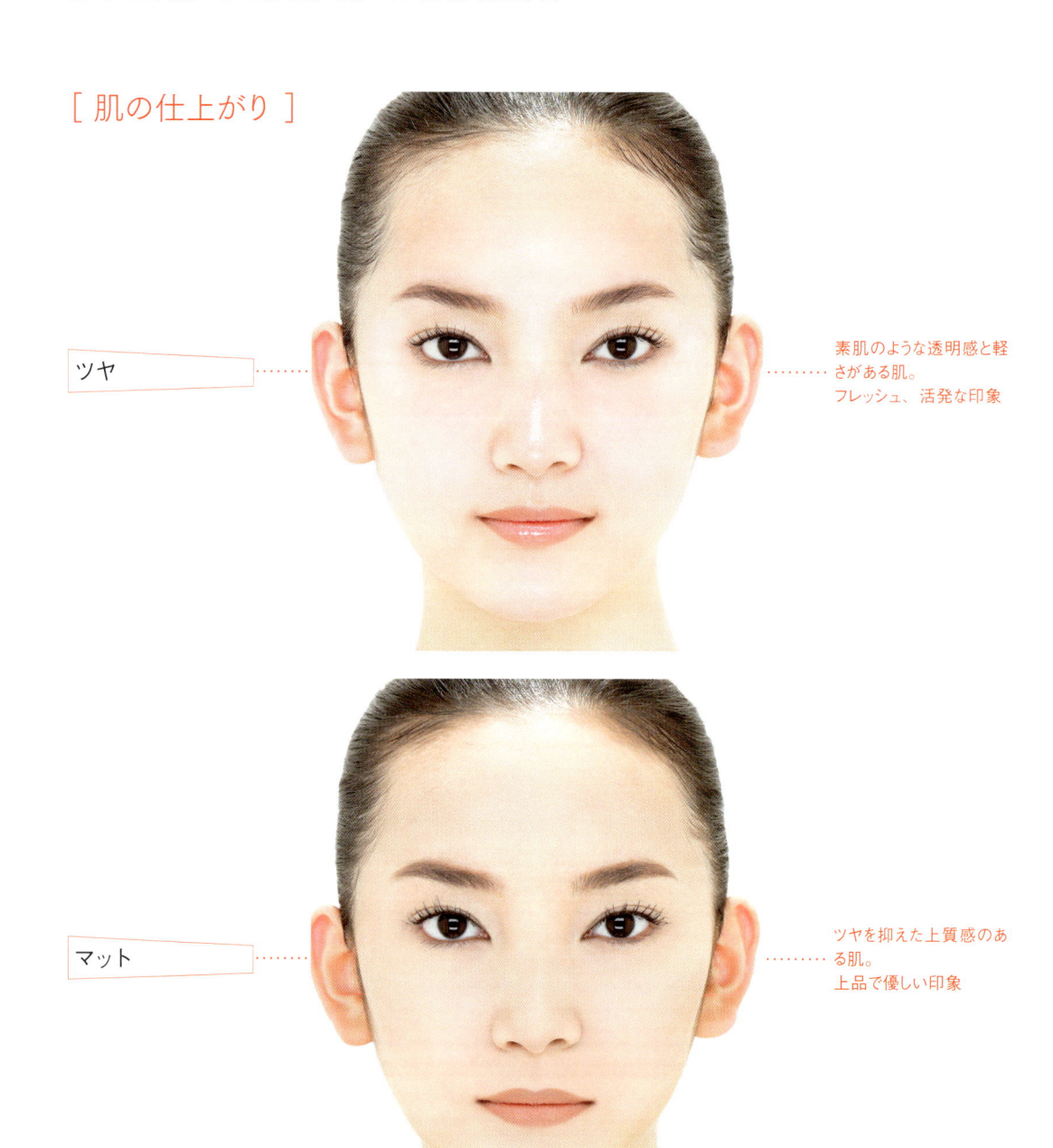

[肌の仕上がり]

ツヤ

素肌のような透明感と軽さがある肌。
フレッシュ、活発な印象

マット

ツヤを抑えた上質感のある肌。
上品で優しい印象

[口もとの仕上がり]

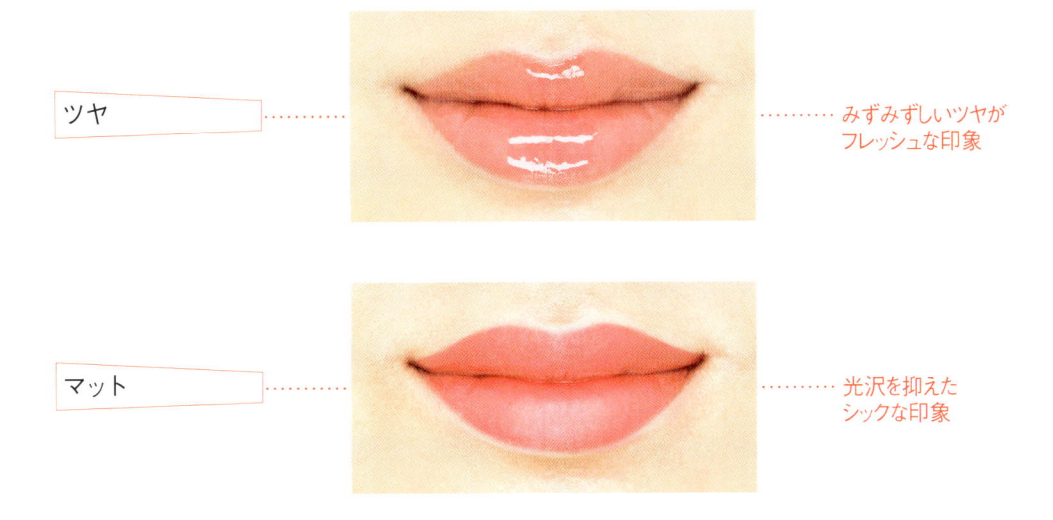

ツヤ ……… みずみずしいツヤが
フレッシュな印象

マット ……… 光沢を抑えた
シックな印象

[目もとの仕上がり]

ツヤ ……… 華やかで明るい印象

マット ……… 優しく、落ちついた印象

SABFA's Lesson Tool

基礎をしっかり固めて応用力を身につけるには、
最適な練習のツールが必要です。
トレンドも機能も進化し続ける
メイクアップの現場に対応して、その時点での
旬のコスメと道具が、勉強のパートナーになります。

▲ FACE1 　　▲ FACE2 　　▲ EYE1

▲ EYE2　　　▲ LIP1　　　▲ LIP2

メイクアップの基礎知識

WHAT'S SABFA?

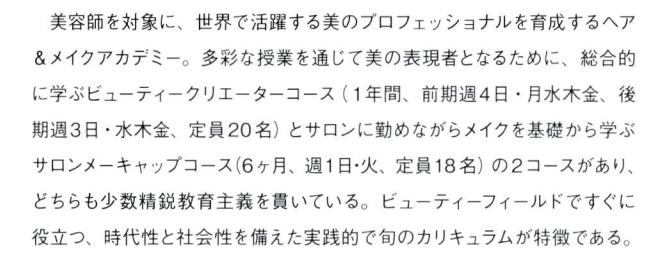

　美容師を対象に、世界で活躍する美のプロフェッショナルを育成するヘア＆メイクアカデミー。多彩な授業を通じて美の表現者となるために、総合的に学ぶビューティークリエーターコース（1年間、前期週4日・月水木金、後期週3日・水木金、定員20名）とサロンに勤めながらメイクを基礎から学ぶサロンメーキャップコース（6ヶ月、週1日・火、定員18名）の2コースがあり、どちらも少数精鋭教育主義を貫いている。ビューティーフィールドですぐに役立つ、時代性と社会性を備えた実践的で旬のカリキュラムが特徴である。

　校名のSABFA（サブファ）とは、SHISEIDO ACADEMY OF BEAUTY & FASHIONの頭文字。文字通り資生堂が長年にわたり蓄積してきた美容のノウハウ、経験と実績をベースに美容とファッションのプロフェッショナルを育成するために資生堂が設立。1986年4月の開校（初代校長は、株式会社資生堂 現・名誉会長の福原義春氏）以来、教育理念ともいえる「美容技術分野での大学院の機能であると同時に、社会性、時代性、創造性と美意識、プロフェッショナルの自覚を持つ人材を育てる」は揺るがない。

　第一線で活躍する著名な講師陣はもちろん、講義室、ヘアメイク実習室、ラウンジ、スタジオなど本格的な最新設備が整えられ、専用に開発した教材や新製品の化粧品まで万全の教育体制を誇る。

　ファッション、TVCF、広告・雑誌、サロンなど、各分野で活躍する卒業生は1,590名（2015年3月現在）、「ハローサブファネットワーク」というOB会組織も発足し、活発に活動している。

〒105-0021
東京都港区新橋1-1-16　汐留FSビル11F
株式会社資生堂 ビューティークリエーション研究センター内
Tel 03-6218-7800　Fax 03-6218-7526
http://www.shiseido.co.jp/sabfa/
http://www.facebook.com/sabfa.shiseido/

Chapter 03

第3章
肌づくり

メイクアップの完成度を左右するのが、肌（ベース）づくりです。ファンデーションの色、質感選び、つけ方をマスターすること。そして、どんな顔立ちや肌色にも対応することができ、メイク上手につながります。ナチュラルメイクからイメージメイクまで、顔立ちを美しく仕上げるのも肌づくりの力です。

Tool & Item
肌

肌に色や質感を与えて、紫外線や外界の刺激から肌を守る役割を持つファンデーション。目的によって使い分けましょう。

パウダリータイプ
スポンジに取ってそのままつけられるので、使い勝手に優れていて、色数も豊富。のせ過ぎると粉っぽくなるので、量の調節には注意しましょう。

クリームタイプ
とろけるような感触で肌にピタッとフィットし、透明感のある肌からクリエイション向きのしっとりと仕上げる肌まで、思い通りの肌づくりを可能にします。

フェイスパウダー
透明感を高める上質のパウダーです。ふんわりとベールをまとったような透明感のある肌に仕上げます。

各種ブラシ
肌にパウダーをのせたり、余分なパウダーを払ったりする時に使うフェイスブラシ。ファンデーションを塗布する際に便利なファンデーションブラシやコンシーラーブラシ。美肌に仕上げるために、各種用途に合ったブラシを選んで使いましょう。

コンシーラー
目の下の影や、シミ、くすみなど、気になる部分を目立たなくするために使います。カバー力、使う場所によって、リキッド、スティックなどタイプ別に使い分けます。

Skin Care

スキンケア1：メイクアップを落とす

メイクアップをしている方は、素の状態に戻します。
まず、ポイントメイクアップから先に落としていきます。

※リムーバーは、クレンジングローションやパーツ専用のリムーバーをさします。

ゆっくりと

細かい部分

1 リムーバーを含ませたコットンをまぶたにのせ、上下左右に拭き取ります。

2 コットンを当て、リムーバーを含ませた綿棒でマスカラを落とします。

3 取れにくい部分は、リムーバーを含ませた綿棒2本ではさみ落します。

シワの中まで

コットンの持ち方

4 リムーバーを含ませたコットンを4ツ折りにし、口角から内側へ拭き取ります。

5 リムーバーを含ませた綿棒で、拭き取ります。

6 広い部分に使う場合は、人差し指と小指で。狭い部分には、人差し指と薬指で両端を挟みます。

7 クレンジングローションを含ませたコットンで、顔全体を拭きます。

8 ティシュペーパーを2ツ折りし、手のひらで軽く押さえ、余分な水分を吸収させます。

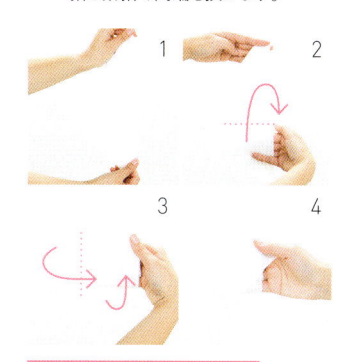

ティシュペーパーの持ち方
半分に折り、片方の端を小指で押さえ、4本の指を包むように巻きつけ、先を折り返して親指で押さえます。

041

Skin care
スキンケア2: 肌を整える

化粧水や乳液を肌になじませ、肌のコンディションを整えます。
※化粧水と乳液が1つになったタイプもあります。

塗布の方向

筋肉の流れに沿って、まんべんなく。
肌にしみこませるようにゆっくり動かしましょう。

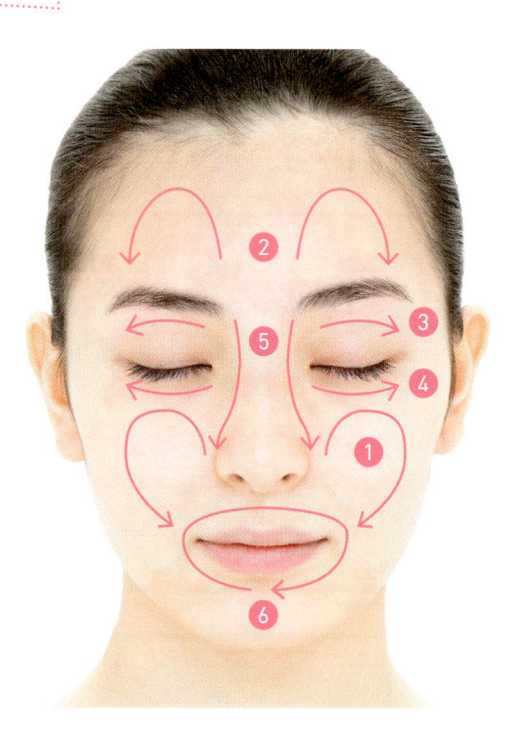

化粧水

1 コットンを人差し指と小指で挟み、たっぷり化粧水を含ませ、

2 中心から外側になじませます。

3 小鼻周りなど凹凸部分は、1本の指で丁寧につけます。

乳液

4 首筋までしっかりなじませます。

5 乳液も、化粧水と同様になじませます。

6 目の周りなど、特に乾燥しやすい部分は丁寧になじませます。

収れん化粧水

美容液

7 収れん化粧水で軽くパッティングして、肌を引き締めます。

8 ほてりが気になる頬は、化粧水を含ませたコットンを貼り、3～5分ほど放置します。

9 目の周りが乾燥しやすい場合は、保湿性の高い美容液をなじませます。

10 パール粒1個分の下地クリームを5か所にのせ、外側にのばします。

11 綿棒にリップクリームを含ませ、唇のコンディションを整えます。

※7と8のケアは、肌質によって省きます。

印象の演出　メイクアップの基礎知識　肌づくり　各パーツの対応　顔をデザインする　個性を演出する

043

Texture Standard

基本の肌づくり

どんな肌にも適した基本的なテクニックからマスターしましょう。
塗布する順序、ファンデーションの厚みのコントロール、色の選び方がポイントです。

塗布前のチェック事項

順序と厚み
筋肉の流れに沿って、中心から外へ塗りましょう。
最初に塗った部分には厚めについて、外側に行くに従って自然に薄づきになります。

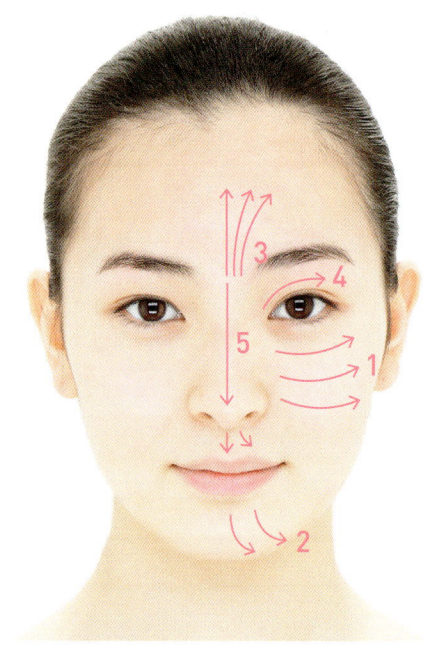

のばす方向 ⟶

のせる厚み　⦸ カバーゾーン　○ 薄づきゾーン　○ なじませゾーン

色選びのポイント

ファンデーションの色調

ファンデーションには、明るい⇔暗い、赤み⇔黄みの幅があります。色調の中から選び、実際に肌にのせて決めましょう。

ピンク　ピンクオークル　オークル　ベージュオークル

00
01
02
03
04

明るい ↕ 暗い
赤み ⟷ 黄み

※番号は、ステージワークスのファンデーションの色調。

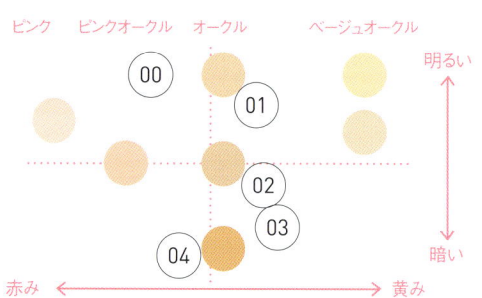

アゴラインの肌に近い色をのせ、首の色も考慮して選びます。

1 肌をトーンアップさせるために、コントロールカラーを頬に少量置き、指先で薄くなじませます。

2 まぶたにもコントロールカラーを極少量置いて、ソフトにのばします。

3 アゴラインにもコントロールカラーを少量のばします。

4 顔全体にクリームファンデーションを置き、

5 ブラシを使って、頬の中心から外側に向かってのばします。

6 崩れやすい小鼻周りも、ブラシで丁寧にフィットさせます。

7 唇の周りも同様です。

8 フェイスラインは、一段濃い色のファンデーションを使って、輪郭を引き締めます。

9 コンシーラーをブラシに取り、目の周りのくすみを消します。

※ファンデーションを指でなじませる場合は P47 参照

10 小鼻の影から、ほうれい線にもコンシーラーを少量なじませます。

11 さらに、口角ラインのくすみもカバーします。

12 パフにパウダーをつけ、頬の広い部分から軽く押さえるようにつけていきます。

13 フェイスブラシで余分なパウダーを払います。

14 まぶたにたまったファンデーションを指先でなじませてから、

15 ブラシ（小）で、少量のフェイスパウダーを薄くつけます。

16 下まぶたにも、少量のフェイスパウダーを薄くつけます。

17 鼻筋にも軽くパウダーをつけ、

18 化粧崩れしやすい小鼻にも、パウダーを丁寧につけます。

スタンダードな仕上がり

仕上がり

指でなじませる場合
中指と薬指の腹を使います。

1 頬の中心から外側に向かってのばします。

2 崩れやすい小鼻周りも、指先で丁寧にフィットさせます。

3 まぶた、目尻など表情がよく動く部分にも同様です。

4 フェイスラインは、アゴラインに向かって、丁寧に薄くなじませます。

047

Texture Variation

肌の質感づくり

適度なカバー力と自然なツヤのある肌から、軽く透明感のある肌、
ツヤを抑えた上質な肌まで、質感は印象のコントロールに役立ちます。

スタンダード
自然なツヤのある肌

シアー
透明感のある軽い肌

ハイライト&シェード
立体感のある肌

マット
ツヤを抑えた上質な肌

ハイライト&シェード ………… 立体感のある肌

仕上がり

ハイライト

1 ファンデーションで仕上げた後に、ハイライトは高く感じさせたいTゾーン、

2 アゴ先、

3 目の下にブラシ（小）で入れます。

シェード

4 シャドーは引き締めて見せたい頬の下、

5 フェイスライン

6 眉頭の下から鼻筋の側面に、ブラシ（小）で入れます。

049

シアー　……透明感のある軽い肌

仕上がり

1 コンシーラーを目の下に置き、

2 ブラシ（小）で薄くのばして、目の周りのくすみを消します。

3 肌色に合わせたファンデーションを少なめにのせ、

4 ブラシで、薄く丁寧にのばします。

5 フェイスパウダーをフェイスブラシに少量取り、軽くつけます。

マット　……………ツヤを抑えた上質な肌

仕上がり

1 濃淡2色のファンデーションを置きます。

2 ファンデーションは、ブラシで頬の中心から外側に向かって丁寧にフィットさせます。

3 フェイスラインのシェードは、指でのばして輪郭を引き締めます。

4 目の周りのくすみやクマは、コンシーラーで消します。

5 パフにパウダーをつけ、頬の広い部分から軽く押さえるようにつけていきます。

6 フェイスブラシで余分なパウダーを払います。

051

Texture Variation

顔型に合わせた肌づくり

ベースづくりでメイクアップの仕上がりが左右されます。
それぞれの顔型に合わせたベースづくりの工夫で、
美しさを引き立てましょう。

面長の肌づくり ………… 生え際からアゴ先までの長さを調整

before 　　　　　　　　　　　　　　　　仕上がり

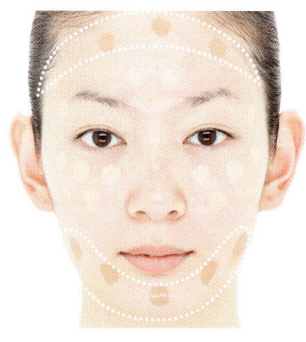

1 濃淡2色のファンデーションを置きます。

2 ブラシで、明るいファンデーションを顔の横方向にのばします。

3 ブラシで、濃いめのファンデーションを外側にのばします。

4 フェイスパウダーで押さえます。

5 ハイライトは、目の下から頬にかけて横長に入れます。

6 シェードは、フェイスラインからアゴ先にかけて包み込むようにぼかし、陰影をつけます。

丸顔の肌づくり　………顔の丸みを調整

before 　　　　　　　　　　仕上がり

1　濃淡2色のファンデーションを置きます。

2　ブラシで、明るいファンデーションを縦長にのばします。

3　ブラシで、濃いめのファンデーションをフェイスラインに沿ってのばします。

4　フェイスパウダーで押さえます。

5　ハイライトは、目の下から頬にかけてと、アゴ先に縦長に入れます。

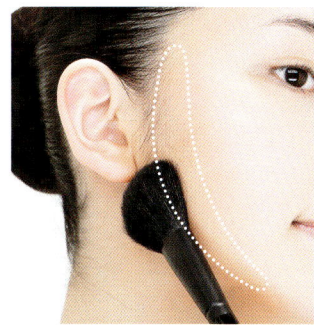

6　シェードは、顔の側面を包み込むようになじませます。

印象の演出　メイクアップの基礎知識　肌づくり　各パーツの対応　色をデザインする　個性を演出する

053

四角顔の肌づくり ………… 角張った輪郭を調整

before 　　　　　　　　　仕上がり

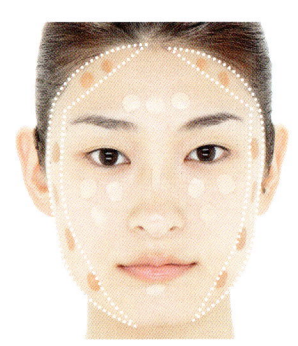

1　濃淡2色のファンデーションを置きます。

2　ブラシで、明るいファンデーションを縦長にのばします。

3　ブラシで、濃いめのファンデーションをフェイスラインに沿ってのばします。

4　フェイスパウダーで押さえます。

5　ハイライトは、目の下から頬にかけてと、アゴ先に縦長に入れます。頬骨の高い位置は、強調しないようにします。

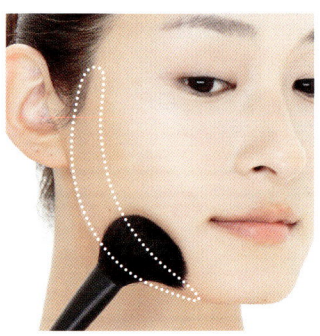

6　シェードは、角張った部分を中心に顔の側面を包み込むようになじませます。

Chapter 04

第4章
各パーツの対応
眉・目もと・頬・口もと

顔全体を捉えていくと、パーツの特徴が全体の印象を決めていることが分かります。まず、パーツの形を見極め、その形に合った基本テクニックをマスターしましょう。パーツごとの繊細な技術のちょっとした工夫がパーツの美しさを際立てたり、大胆な表現につながります。ポイントを絞って、パーツごとのメリハリをつけることがプロの技です。

Tool & Item
眉

メーキャップの中で最も自由に変えることができる部分で、描き方で顔の印象やイメージを決定づけます。目的によって描くタイプを選びましょう。

アイブローペンシル
もっとも一般的な眉用アイテム。鉛筆型と繰り出し式があり、色も硬さも豊富です。

アイブローシザーズとアイブローニッパーズ
眉の形を整えるもの、メイクアップの重要な要素。繊細な仕事のできる専用ツールを使って安全に。

アイブローパウダー
柔らかくぼかすには、パウダータイプを使うと、眉色と影色で立体感のある眉を演出できます。

コームとブラシ
毛流れを整える、ぼかす、なじませる…など、眉メイクに必要な小さいツール。眉カットの時、描き始める前、描いている途中、描き終わってから。近寄ったり引いた目で見たりして、チェックしながら進みましょう。

アイブローマスカラ
毛流れを起こし、立体的に仕上げることができます。透明なクリアタイプと、カラータイプがあります。

Eyebrow Cut
眉をカットする

不自然に細くしすぎず、短くしすぎないこと。
理想の形を描いて、はみ出す部分を取り除くと失敗しません。

before

after

1 スクリューブラシで、眉頭は上へ、眉尻は下へ梳かします。

2 目尻の真上に眉山がくる位置で、上のアウトラインを描きます。

3 眉尻で上のラインと交わるように、下のラインも描きます。

4 シザーを肌にフィットさせ、アウトラインからはみ出した毛をカットします。

5 下側は、アイブローニッパーで抜きます。毛流れに沿って抜くのがポイントです。

6 ブラシで上から梳かし、はみ出した部分をカットします。

057

Eyebrow Variation

眉のバリエーション

代表的な眉です。直線と曲線の組み合わせで、いろいろな形がつくられます。
形状に合わせて、アイテムを使い分けます。

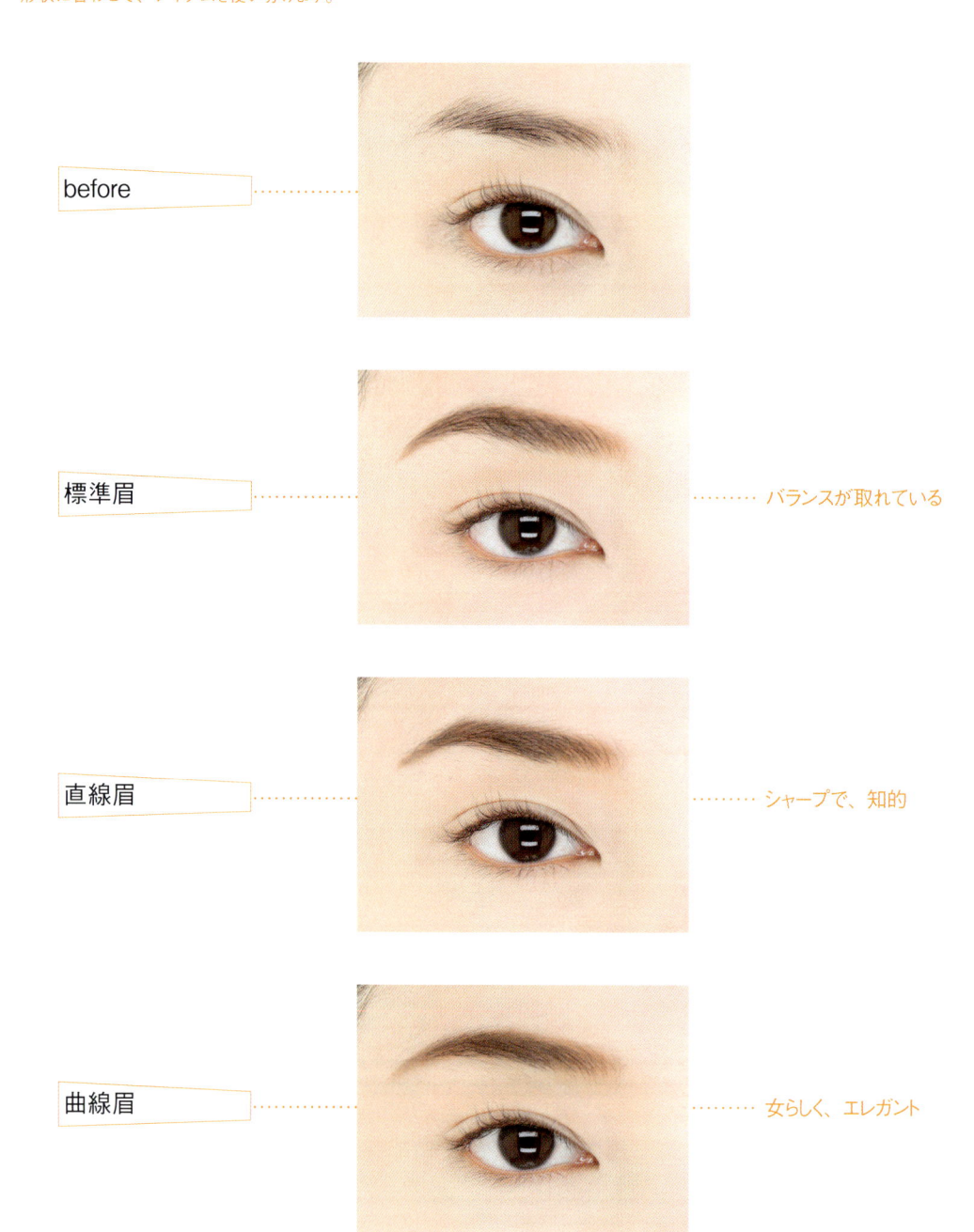

before

標準眉 ……… バランスが取れている

直線眉 ……… シャープで、知的

曲線眉 ……… 女らしく、エレガント

Eyebrow Standard

標準眉の描き方

眉尻は小鼻と目尻をつないだ延長線上で、白目の真上に眉山がきます。
眉頭と眉尻は、水平な一直線上です。

眉山／10度／眉頭／眉尻／目尻／目頭／小鼻

眉のゴールデンバランス

仕上がり

1 スクリューブラシで、毛流れを整えます。

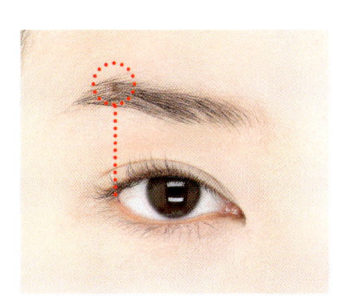

2 眉山に印をつけると描きやすくなります。

3 1本1本描き足すように、ペンシルで眉山から眉尻へ描きます。

4 眉の中央から眉山へ、なだらかに進みます。

5 中央から眉頭へ、コシのあるブラシで、ソフトにぼかすように描きます。

6 全体のバランスをチェックしながら、スクリューブラシでなじませて仕上げます。

Eyebrow : Straight

直線眉の描き方

標準の眉よりストレートなラインで、眉山を強調して描きます。

仕上がり

1 スクリューブラシで、毛流れを直線的に整えます。

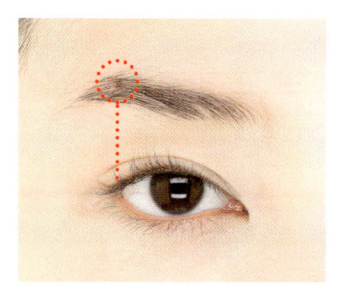

2 標準よりやや外側に、眉山の印をつけます。

3 1本1本描き足すように、眉山から眉尻へストレートなラインを描き、

4 ブラシで眉山と眉尻をつなげます。

5 ストレートなラインで、眉の中央と眉山をつなげます。

6 眉頭に向かって、ブラシでソフトにぼかします。

Eyebrow : Curve
曲線眉の描き方

高さを押さえて、やや長めでなだらかな曲線を描きます。

仕上がり

1 スクリューブラシで、毛流れを整えます。

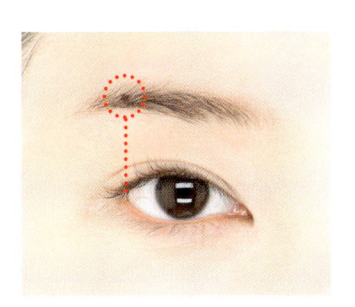

2 標準よりも下に、眉山の印をつけます。

3 眉山から眉尻へなだらかな曲線を、ブラシで描きます。

4 曲線のラインで、眉の中央と眉山をつなげます。

5 眉頭に向かって、ブラシでソフトにぼかします。

6 スクリューブラシで、アーチに整えます。

Eyebrow Variation

眉の個別対応

代表的な眉の悩みに対応したテクニックを紹介します。

下がり眉 ………… 眉尻が下がっていると、寂しげな印象に見えます。

before  after

1 眉山を決めます。

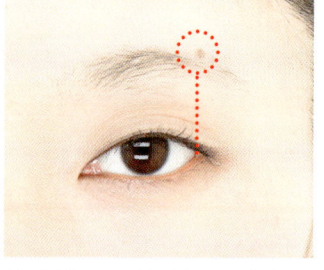

2 眉山は、白目の終わりの真上で、眉頭よりやや上のところ。

3 角度が10度になるように（P19 眉のGバランス参照）、眉頭にも印をつけ下がらないようにします。

4 ブラシで眉山と眉頭をつなげます。

5 ペンシルで、眉山から眉尻に1本1本描くように長さを足します。

6 眉のある部分とない部分の差がないように、境目をブラシでなじませながら整えます。

上がった短い眉　　……顔がきつい印象に見えます。

before　　after

1 スクリューブラシで、上がり過ぎた毛流れを下げます。

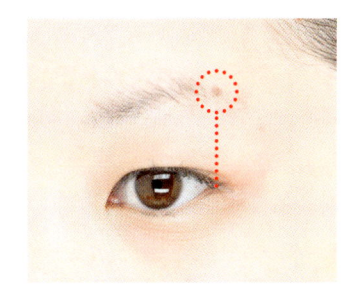

2 眉山をやや低めに決めます。

3 眉山から眉尻に、ペンシルで1本1本描くように長さを足します。

4 ペンシルで眉頭の上側に長さを描き足し、角度をなだらかにします。

5 ブラシで、さらに眉頭をソフトになじませます。

6 上がった眉にとらわれずに、なだらかな眉に近づけます。

薄い眉　………目元の印象が弱く見えます。

before 　　　　　after

1　眉頭から眉尻へ指でつまんで、眉弓を確認します。その範囲内に描きます。

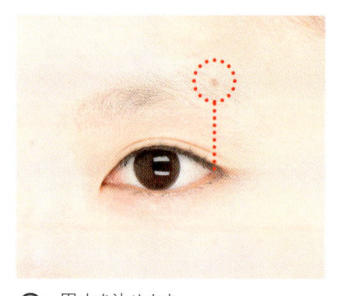

2　眉山を決めます。

3　眉山から眉尻まで、パウダータイプでソフトにラインを描いていきます。

4　眉の中央から眉尻、中央から眉頭へ向かって、ブラシで薄い部分を描き足します。

5　眉頭をソフトにぼかします。

6　標準の眉に近づけます。

Tool&Item

アイメイクアップは、イメージ表現の重要な要素です。目もとをくっきり強調したり、色や質感を重ねて立体感を演出したり、さまざまに楽しみましょう。

つけまつ毛
まつ毛を濃く見せ、目もとを強調するアイテム。全体的、部分的、重ねづけなど、工夫次第で幅広く使い分けられます。

アイシャドー クリームタイプ
色数はあまり多くはありませんが、指先で広げる、ブラシでつけるなど、ツールを変えることで微妙な違いが出せます。つややかで自然な立体感のある目もとに。

アイシャドー ジェルタイプ
濡れツヤと光によって、立体感やパーリー感が際立った独特の質感が特徴。指先でなじませて使用します。

アイライナー リキッドとペンシル
リキッドとペンシルタイプがあり、ペンシルライナーは色数も硬さも豊富。先をとがらせて使うとシャープな線が、丸くして使うと柔らかい線が引けます。

アイシャドー パウダー
もっとも一般的なアイシャドーのタイプ。色数や質感も多彩です。各種ブラシやチップで、ぼかし具合の調整をします。

アイラッシュカーラー
まつ毛をカールアップさせるツール。眉尻、眉頭などはさみにくい部分用の、ミニカーラーもあります。

マスカラ
マスカラベース、クリアマスカラ、カラーマスカラなどの種類があり、先端の形状には、ブラシタイプとコームタイプがあります。

各パーツの対応

Eye Make-up Variation

アイメイクアップ

代表的なアイメイクアップの形です。アイライン、アイシャドー、マスカラを組み合わせて、切れ長に見せたり、丸く見せたり、印象は様々に変えられます。

before

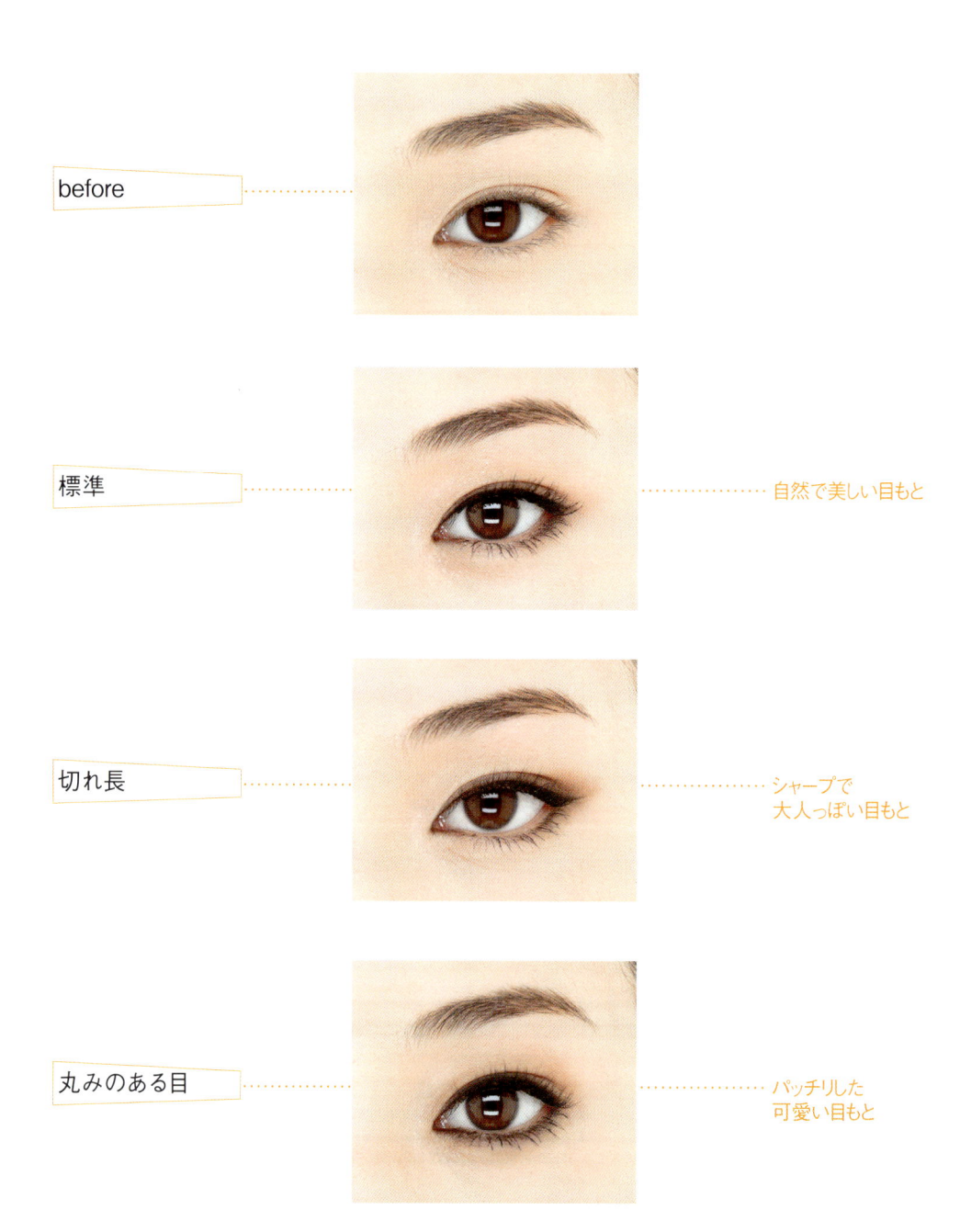

標準 .... 自然で美しい目もと

切れ長 .... シャープで大人っぽい目もと

丸みのある目 .... パッチリした可愛い目もと

Eye Make-up Standard

アイメイクアップの基本テクニック

アイメイクアップの基本ステップを紹介します。

施術の流れ

まず、まつ毛を
アイラッシュカーラーで上げます。
次に、アイシャドー、アイライン、
マスカラの順番に仕上げます。

Step.1
アイラッシュ
カーラー

＋

Step.2
アイシャドー

＋

Step.3
アイライン

＋

Step.4
マスカラ

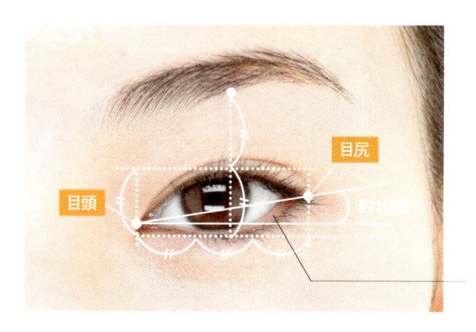

目のゴールデンバランス

まつ毛の内側（インサイドライン）

Step.1　アイラッシュカーラー

1　アイラッシュカーラーをまつ毛の根元に密着させ、はさみます。

2　中間を軽くはさみ、徐々に角度を上げながら、

3　毛先で、カールさせます。

Step.2　アイシャドー

1　ブラシ（中）で、まぶた全体にライトカラーをぼかします。

2　チップで、ミディアムカラーをアイホールに向かってぼかします。

3　細チップで、ダークカラーを目尻から中央、目頭から中央につけます。

4　ミディアムカラーとダークカラーの境目をぼかします。

5　上まぶたの仕上がり。

6　下まぶたの目尻から3分の1に、チップの先端でダークカラーを細く入れます。

Step.3　アイライン

1. 目尻から中央、目頭から中央へ向かって、際に細くラインを入れます。

2. 視線を目尻側に向けてもらい、目頭のインサイドにも入れます。

3. 上まぶたを引き上げ、まつ毛とまつ毛の間を埋めるように入れます。

4. 細いブラシでペンシルのラインをなじませます。

5. 下まぶた3分の1の際にも、細くラインを入れます。

6. 細いブラシでラインをなじませます。

Step.4　マスカラ

1. 上まぶたを軽く引き上げ、根元からジグザグに動かしながら、マスカラをつけます。

2. 目頭は先端で縦に動かしながら、1本1本につけていきます。

3. 目尻のまつ毛にも、根元からつけます。

4. 下まつ毛は、縦方向に動かしながらつけます。

5. さらに先端で1本1本縦につけて、丁寧に仕上げます。

Eye Make-up Variation

目の描き方／切れ長・丸みのある目

切れ長の目もと
............切れ長の目を目指す場合は、ダークなシャドーを水平に入れて、目の印象を直線的にしてから、ラインを引いてさらに強調していきます。

仕上がり

1　ブラシ（小）で、ライトカラーをアイホール全体にぼかします。

2　細チップで、目尻からダークカラーをつけて、

3　水平にぼかします。

4　ミディアムカラーを、上まぶたの目尻に広めにぼかします。

5　下まつ毛の目尻3分の1にも、チップの先端でダークカラーを入れます。

6　上まぶたを指で軽く引き上げ、まつ毛の際にペンシルで、切れ長なラインを描きます。

7　下まつ毛の目尻3分の1にも、ペンシルでラインを描きます。

8　さらにリキッドライナーを、上まつ毛の目尻にすっと引きます。

9　全体にマスカラをつけてから、目尻側をさらに強調します。

丸みのある目もと

丸みのある目を目指す場合は、ダークなシャドーをアイホールの丸みに沿って入れて、目の印象を曲線的にしてから、ラインを引いてさらに強調していきます。

仕上がり

1 ブラシ（中）で、ライトカラーをアイホール全体にぼかします。

2 チップで、ミディアムカラーをアイホールに沿ってぼかします。

3 ダークカラーを目の際から、アイホールに向かってぼかします。

4 チップ（小）で、下まつ毛全体にダークカラーを入れます。

5 上まぶたを軽く引き上げ、目の丸さを出すために、上まつ毛の中央を太めのラインで描きます。

6 下まつ毛全体にもラインを引きます。

7 上まつ毛のラインの上側を、ブラシでぼかします。

8 下まつ毛のラインも、同様にぼかします。

9 全体にマスカラをつけてから、中央をさらに強調します。

Eye Make-up Variation

目の個別対応

代表的な目もとの悩みに対応したテクニックを紹介します。

下がった目尻　……… 目尻が下がっていると、大人しい印象に見えます。

before

after

1　目尻の影をコンシーラーで消します。

2　アイラインで目尻を引き上げ、上昇気味に描きます。

3　アイシャドーも上昇気味にぼかします。

4　アイラッシュカーラー（小）で、目尻のまつ毛をカールさせます。

5　さらにまつ毛の目尻側につけまつ毛（小）を付け、目尻を強調します。

上がった目尻　…………目尻が上がっていると、強い印象に見えます。

before 　　after

1　下まぶたの際に、ブラウンのアイラインで影をつくります。

2　上まぶたには、ブラックのペンシルでやや下降線気味のラインを引きます。

3　下まぶたに入れたブラウンのラインを、ブラシで水平にぼかします。

4　上まぶたのアイラインに重なるように、ダークシャドーをぼかします。

5　上下にマスカラをつけた後、さらに下まぶたの目尻にダークカラーを足します。

6　最後に下降線気味に描いたアイラインに沿って、目尻側につけまつ毛（小）をつけます。

073

一重　　　　　　　　…………まぶたが腫れぼったく、目が細く見えます。

before　　　　　　after

1 目を開けた時、瞳が大きく見えるように、ダークカラーで黒目の位置に印をつけます。

2 チップで、ダークカラーをまつ毛の際から印までぼかします。

3 その上から、ミディアムカラーをぼかします。

4 下まぶたの目尻3分の1に、ダークカラーをぼかします。

5 アイシャドーが入った状態です。

6 さらに上下のまつ毛に、たっぷりと根元からマスカラをつけます。

用具選び

メイクアップは、使う用具でも仕上がりが左右されます。目的や用途に合わせて、ブラシの毛量、ハリ、コシなどを確かめてブラシや筆を使い分けます。細かいところは細チップや毛先がカットされた筆で繊細に。ふわっと面をぼかすのなら、毛量のある柔らかいブラシで優しく。細かい部分には平筆を立てて先を使い、同じ筆でも面の表面にはねかせて広く使うなど、一つの用具でも様々な工夫で使いこなします。

その人の骨格や肉付きによっても道具を変えると手早くきれいにつけることができます。顔の立体を起こすためにつけるのか、色を感じさせるためにつけるのかによっても、基準が変わります。メーキャップカラーをのせてからぼかすのか、ぼかしながらのせていくのか、手順によっても変わるでしょう。

メーキャップ製品と用具との相性を試して、自分なりの用具選びをするのがプロです。用具に使われるのではなく、使いこなす。自分の手の延長、指先の延長が用具なのですから。

アイラインが上手に引けたからプロ？ いいえ、実はそれだけでは不足なんです。きれいな目、印象的な目に見せることが大切なのです。ファンデーションがムラなくのった？ まだ、ダメです。その人の肌が生き生きとして見えないと。眉の形が綺麗？ それだけに満足せず、顔が引き立って見えるところまで追求しましょう。

用具を上手に思い通りに使いこなし、メーキャップ表現に挑戦していきましょう。

Tool & Item
頬

頬に血色を補い、イキイキした表情と立体感を与えます。チークの形とぼかし方の方向性で、ツールとアイテムを使い分けましょう。

パウダータイプ
肌色に近い色からヒューマンカラー、ハイライトを効かせるライトカラー、引き締め効果のあるシャドーカラーまで、パウダータイプは色数も豊富です。

ブラシの種類
丸く入れるためには丸い形、すっきりシャープに入れるなら斜めの形、大きくぼかすなら大きいブラシ、小さく繊細にぼかすには小のブラシなど、つける位置やぼかし方に合わせて揃えると便利です。

リキッドタイプ
指先でなじませ、肌に自然に溶け込んで、つややかな仕上がりになります。

パウダータイプ（ブラシ一体型）
ひと筆で美しく発色し、どんな肌の色にも溶け込むようになじみます。

Cheek Make-up Standard
標準的なチークカラーの入れ方

起点を決める

鼻先から耳の中央を結んだ線と、目の中心と同じ高さの生え際を、口角と結んだ線の交差するあたりが目安です。

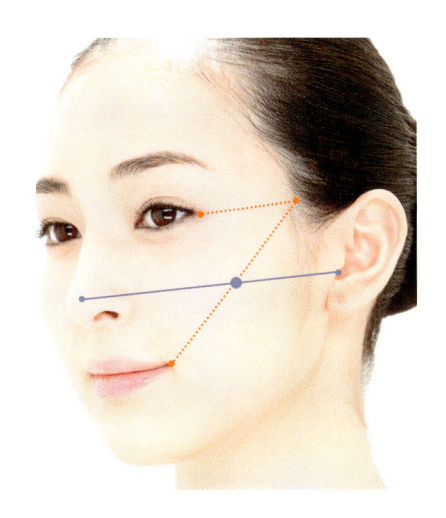

スタンダード

process

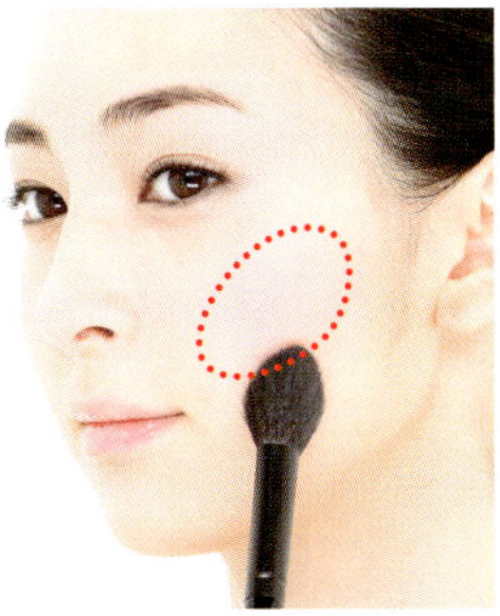

1 起点を置きます。

2 チークブラシで中心から、らせんを描くようにぼかし、

3 頬骨に沿って、斜めの楕円形にぼかします。

仕上がり

自然な血色と立体感で、活き活きとした印象になります。

Cheek Make-up Variation

いろいろなチークカラーの入れ方

丸　　　　　………頬がふっくらと見え、可愛い印象

仕上がり（横） 　　　　　　（正面）

1

2

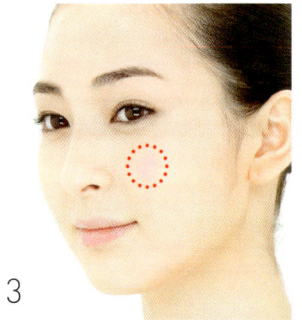

3

4

process

1 笑った時に、一番高い部分が起点です。

2 その位置に、ブラシでチークカラーを丸く置きます。

3 ここが中心です。

4 ブラシを立てて使い、起点を中心に円を描くようになじませます。

シャープ　…………頬がすっきり見え、大人っぽい印象

仕上がり（横） 　　　　　　　　（正面）

1 　2 　3 　4

process

1　口を「う」の形にした時に、頬骨の下にできるくぼみが起点です。

2　頬骨の下に、パウダータイプのチークカラーを置きます。

3　標準よりも、やや下の位置に起点があります。

4　ブラシで、頬骨の下を通って、こめかみ方向へ長めにぼかします。

Cheek Make-up Variation

顔型別チークカラーの入れ方

それぞれの顔型は、チークカラーの入れ方の工夫で、自然にイメージを変化することができます。

丸顔 ....すっきり調整

面長 ....ふっくら調整

頬骨のやや下から斜めの楕円形にぼかします。

笑った時に一番高い位置を目安に、横広がりの楕円形にぼかします。

Tool&Item
唇

唇に好みの色や質感を与え、
口もとを引き立たせます。
目的に合ったタイプを選んで、
より効果的に使いましょう。

リップブラシ
口紅の含ませ方で、色の強弱や発色の具合が変わります。輪郭の繊細な表現で欠かせません。

パレットタイプ
一目で色が見えるので、色を重ねたり、ミックスしたりなどの使い方がしやすいタイプです。

リップライナーペンシル
輪郭がにじまず、綺麗に描けるので唇の形を鮮明にします。形を補正する時にも便利なペンシルです。

リキッドタイプ
うるおい感、ツヤを出したい時に使います。中央にのせると、、ふっくらしたボリューム感が出せます。

スティックタイプ
最も一般的なのが、スティックの形状をしたもの。直接唇にのせると、薄くフィットします。

各パーツの対応

Lip Make-up Standard

標準的なリップの描き方

唇のゴールデンバランス

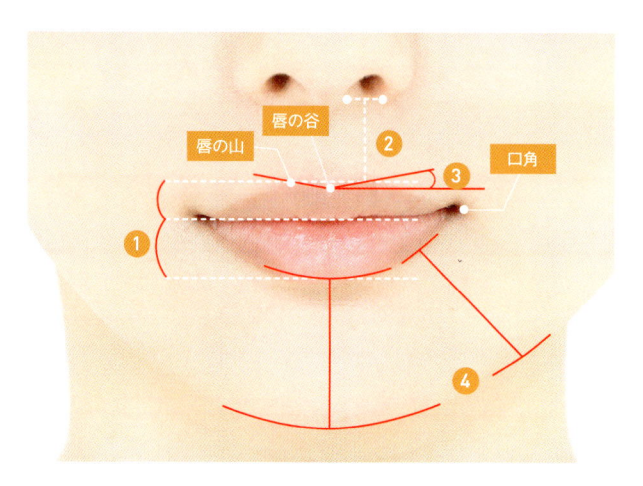

唇の山　唇の谷　❷　❸　口角

❶ 上唇：下唇＝1：1.3〜1.5
❷ 山の位置は鼻孔の中心を下ろしたところ
❸ 上唇の谷から山の角度は10度〜15度
❹ 下唇の形はアゴラインとほぼ平行、
　 底辺はアゴ先の形とほぼ同じで、上唇の山と山の幅よりやや長め

process

1 口を軽く閉じた状態で、

2 上唇の山は、鼻孔の中心を下ろした位置に決めます。

3 リップライナーで、上唇の山から谷に向かって描きます。

4 下唇は、少しふっくらとした船底型に描きます。

5 口角から中央に向かって、上唇の輪郭を描きます。

6 同様に、下唇の輪郭も描きます。

7 リップライナーをねかせながら、内側をぼかします。

8 何もついていない紅筆で、さらに全体をなじませます。

9 紅筆に口紅を含ませ全体に塗りします。

10 「アー」と口をあけた状態で、上下の口角をつなげます。

11 立体感のある唇に仕上がりました。

Lip Make-up Variation

いろいろな形のリップメイク

リップカラーひとつで、いろいろな形をつくることができます。1ミリでも印象は変わるので繊細に仕上げます。

ストレート

1 コンシーラーで上唇の山を整えます。

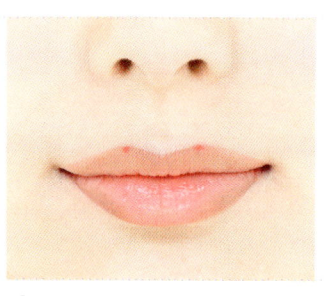

2 上唇の山を、標準より少し低い位置に決めます。

3 リップライナーで、山と口角を直線的な線でつなげます。

アウトカーブ

1 本来のアウトラインより、山の位置を外側に決めます。

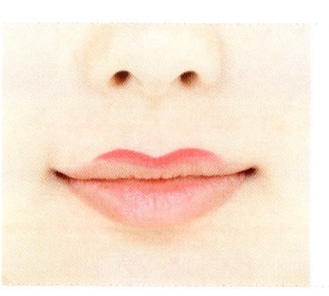

2 上唇の山を、ゆるやかな曲線でつなげます。

3 口角から山に向かって、ふっくらとした曲線でつなげます。

インカーブ

1 コンシーラーで上下の口角を軽く消します。

2 本来のリップラインより、山の位置を内側に決めます。

3 上唇の山を、曲線でつなげます。

4 スクエアな紅筆をねかせながら、直線的なラインで描きます。

5 チップにパウダーを取り、口角ラインを引き締めます。

ストレートの仕上がり

4 なだらかな曲線で描いたリップラインの仕上がりです。

5 丸みのある紅筆で、全体を仕上げます。

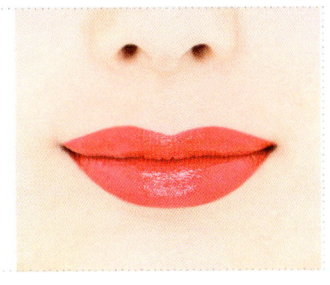

アウトカーブの仕上がり

4 少し口をあけて、上下の口角ラインをややインカーブに描きます。

5 丸みのある紅筆で、リップラインに重ねるように全体を仕上げます。

インカーブの仕上がり

085

スタンダード		バランスの取れた口もと
ストレート		すっきり知的な口もと
アウトカーブ		女らしくセクシーな口もと
インカーブ		キュートで可愛い口もと

Lip Make-up Variation

唇の個別対応

代表的な唇の悩みに対応したテクニックを紹介します。

厚い唇　………唇が厚く、ぽってりした印象に見えます。

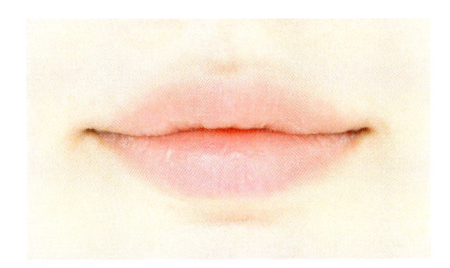

before

after

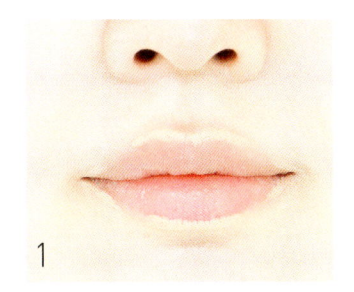

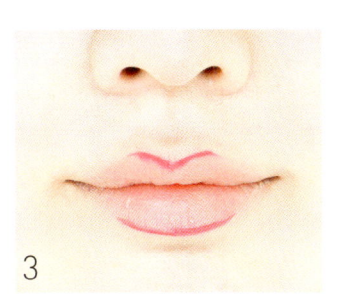

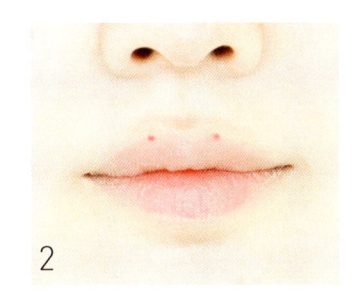

1

2

3

4

process

1 コンシーラーで本来のアウトラインを消し、唇の形を調整します。

2 上唇の本来のリップラインより、山の位置を内側に決めます。

3 下唇は上唇とバランスを取りながら、やや内側にリップラインをとります。

4 口角を引き締めたリップラインの完成です。

薄い唇　　　　　………唇が薄く、寂しい印象に見えます。

before

after

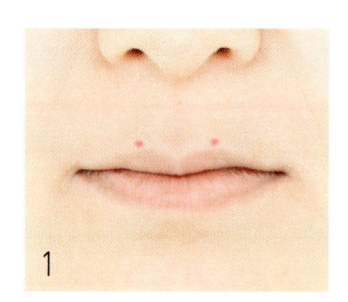

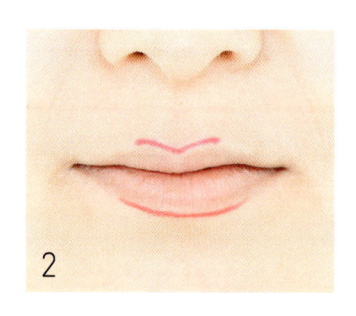

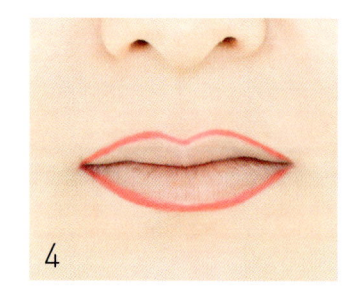

process

1 上唇の本来のリップラインより、山の位置を外側に決めます。

2 上下のバランスを取りながら、やや外側にリップラインを決めます。

3 口角から山に向かって、リップラインよりやや大きめにつなげます。

4 全体に1〜2ミリ大きめにしたリップラインの完成です。

口角の下がった唇　………口角が下がって、不機嫌な印象に見えます。

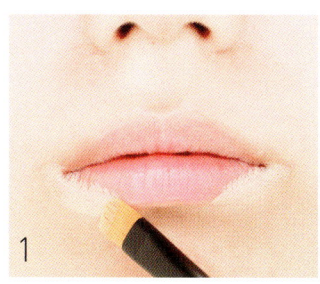

before

after

process

1 コンシーラーで、下がっている下唇の口角部分を消します。

2 上唇の口角をやや上に取り、そこから下唇につなげるようにして、本来のリップラインより上げ気味に調整します。

3 やや上に取った上唇の口角に、紅筆で丁寧に口紅を塗ります。

4 チップにパウダーを取り、口角ラインが上がっているように整えます。

顔を分析するための6つのポイント

私たちは、日々たくさんの人と出会っています。人の顔を漫然と見るのではなく、顔を客観的に見る習慣を身につけましょう。その時に第一印象を言葉にします。顔の特徴を瞬時に捉えるプロの視点を持つということです。まず、この6つをチェックしていきましょう。

① 顔の形を見る（丸い？ 長い？）
② 肌を見る（色は？ 質感は？ トラブルは？）
③ パーツを見る（形は？大きさは？ 配置は？）
④ 肉付きと骨格を見る（ふっくら？ ゴツゴツ？）
⑤ フェイスラインを見る（アゴは？ 額は？ 頬は？）
⑥ スペースを見る（目と目の間は？ 目と眉の間は？）

第一印象が「可愛い」と感じたら、どういう可愛さかを顔の特徴から捉え「この理由で可愛く見える」という分析をしましょう。

感性と審美眼

学生たちから「感性って、どうしたら磨けますか？」とよく聞かれます。私は美しいものを見ること、感動すること、きれいと感じること、興味のあることに向かっていく。行動することだと話します。
いつもの通り道で見る風景、自然、美術館、ショーウインドーのディスプレーなど、普段の生活の中にも、ワクワクすることや新たに発見することが沢山あるはず。
自分が、好き、嫌い、面白い、つまんない、カッコイイ、きれい…と感じたことや、興味を持てたことが、感性の源に。好奇心旺盛なことがとても重要です。

そして、周りが知っているのに、自分が知らない事があったら調べればいいことです。
観たことのない"モノ・コト"があったら、観ればいいのです。
誰かが感動した"モノ・コト"に対して、自分も触れてみて、
自分はこう思ったという意見を持つということが大切。
自分の「美しさ」の基準になる審美眼を鍛えていきましょう。

プロのヘアメイクとして仕事をするには、その人の要望を把握し、"似合う"提案をしなければなりません。その時こそ、自分の感性と審美眼が大きく影響します。

Chapter 05

第 5 章
顔をデザインする
フレッシュ・キュート・やさしい・クール

顔立ちの決め手は、顔を構成するパーツのそれぞれの配置バランスや、パーツのフォルム（形）です。顔の分析をしっかり行い、人の個性の特徴を捉えます。この理論が分かれば、パーツとパーツのバランスを整えたり、求めるイメージの演出が可能になります。

Space Balancing Control Point

スペースバランスの見方

「スペース」とは「空間、余白」のこと。顔の形やパーツの形に目がいきがちですが、人の印象は実は余白に大きく影響されているのです。

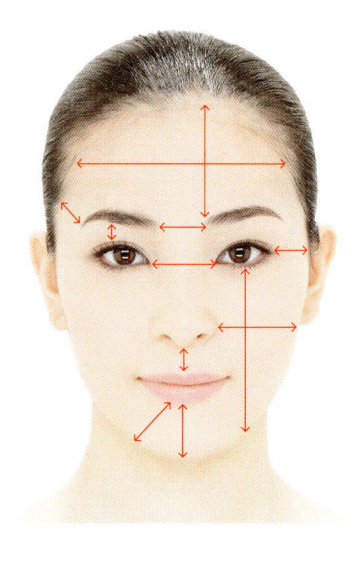

- ● 額、目の周り、頬、口の周りを観察、チェックします。
- ○ きゅうくつに感じるところはどこですか？
- ○ 広すぎると感じるところはありませんか？
- ○ 標準プロポーションをモノサシにして考えましょう。

スペース調整のポイント

	きゅうくつ → 広く見せる	広すぎる → せまく見せる
色	膨張色を使うと、ハイライト効果でスペースを広く見せることができる。 Ex. 明るい色のファンデーション、明るい色のアイシャドー。	本来の肌より、濃いめの収縮色を使うと、シェーディング効果でせまく見せることができる。 Ex. 暗い色のファンデーション 暗い色のアイシャドー 暗い色のフェイスカラー
面	くぼんだところに膨張色を使うと、平面的に見せられるので、広く感じる。 Ex. 明るい色のフェイスカラーとファンデーション、チークカラーの形とぼかし方	ハイライトとシェーディングを組み合わせ、立体感をつけるとせまく感じる。 Ex. ファンデーションの2色使い ライトカラーとダークカラーのフェイスカラー チークカラーのぼかし方
パーツ	パーツを小さめに描いたり、目立たないように描くことで、スペースは広く感じる。 Ex. 眉、目、口	パーツを大きく描いたり、目立たせることでスペースはせまく感じる。 Ex. 眉、目、口

スペースによる印象変化

パーツの配置だけバランスを変えてあります。
顔の大きさ、パーツは同じなのに、配置によって印象は大きく変化します。

1 上下（額・アゴ）余白タイプ

額が広く、アゴは大きい。
鼻が短く顔は短く見える。

・子供っぽい
・くどい

2 上下間（頬）余白タイプ

頬が長く鼻が高い。
顔は長く見える。

・大人っぽい
・おとなしい

3 左右余白（求心）タイプ

目と眉が中央に
寄っているため、
鼻根が細く、鼻が長く見える。

・知的
・神経質

4 左右間（遠心）余白タイプ

目と眉が左右に
離れているため、
顔の幅が広く感じる。

・優しい
・のんびりした

5 下（アゴ）余白タイプ

目と口が上に寄っているため、
額がせまく、アゴが大きい。

・しっかりとした
・男性的

6 上（額）余白タイプ

目と口が下に寄って
いるため、額は広く、
アゴは小さく感じる。

・子供っぽい
・幼い

Map of Face Balance

顔立ちマップと分析の仕方

このマップでそれぞれの顔の持つ特徴、イメージを的確にとらえる事ができ、メイクアップ演出の方向を決めるときに役立ちます。
縦に置いたバランス軸では、顔の長短とパーツ配置をみます。横に置いたフォルム軸には、パーツの形で振り分けます。

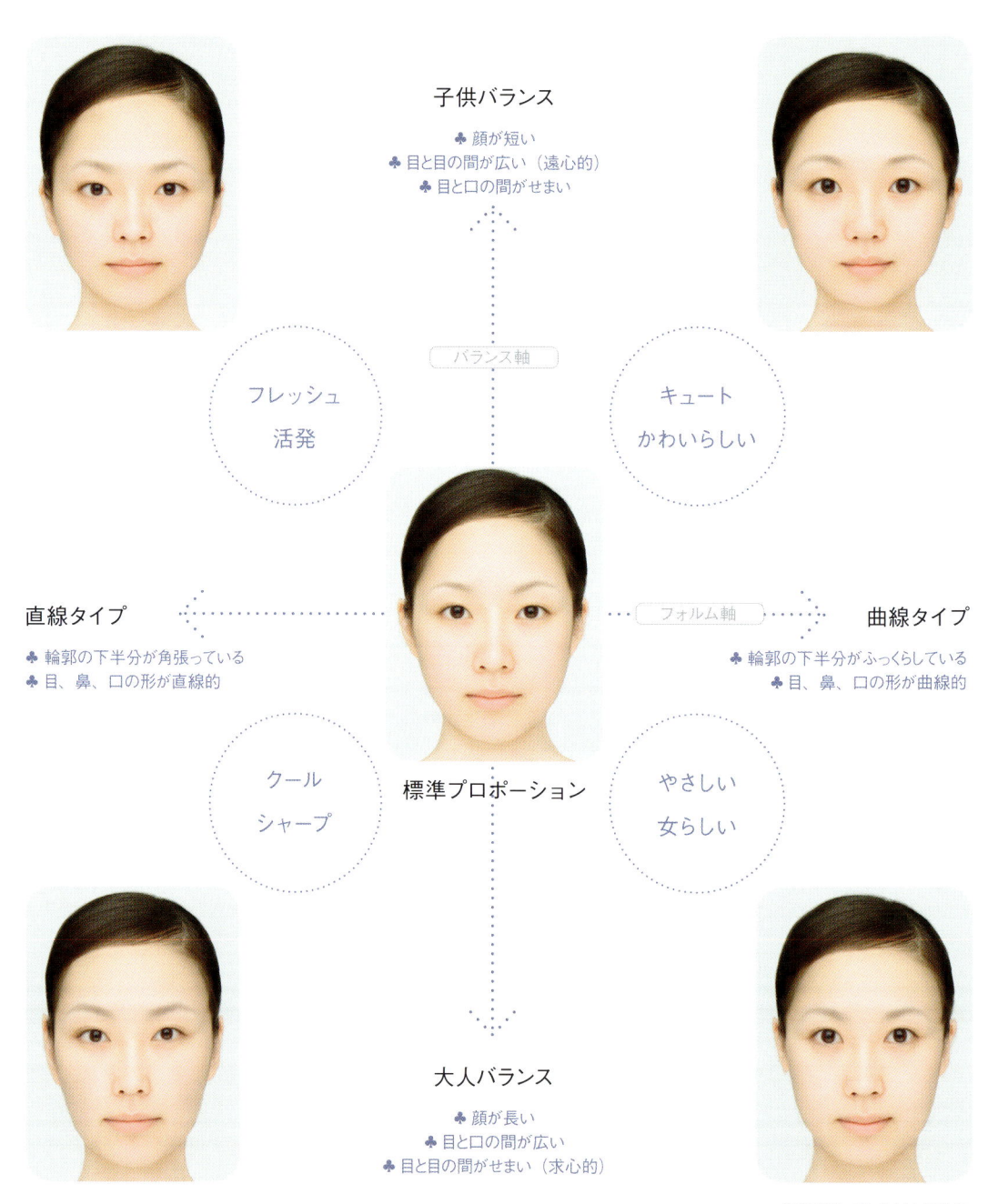

子供バランス
♣ 顔が短い
♣ 目と目の間が広い（遠心的）
♣ 目と口の間がせまい

バランス軸

フレッシュ
活発

キュート
かわいらしい

直線タイプ
♣ 輪郭の下半分が角張っている
♣ 目、鼻、口の形が直線的

フォルム軸

曲線タイプ
♣ 輪郭の下半分がふっくらしている
♣ 目、鼻、口の形が曲線的

クール
シャープ

標準プロポーション

やさしい
女らしい

大人バランス
♣ 顔が長い
♣ 目と口の間が広い
♣ 目と目の間がせまい（求心的）

資料提供／株式会社 資生堂

顔の分析

イメージの演出をするためには、その人の顔の特徴をきちんと見極め、捉えることが大切です。（左図「顔立ちマップ」参照）

Step 1 「バランス軸」で分析

「バランス軸」で顔の長さ、パーツの遠心性、求心性を見分けます。

- 子供バランス — バランスが子供っぽい
- 大人バランス — バランスが大人っぽい

バランス軸

Step 2 「フォルム軸」で分析

「フォルム」で、パーツ（輪郭、目、鼻、口、眉）の形を見分けます。（P21 参照）

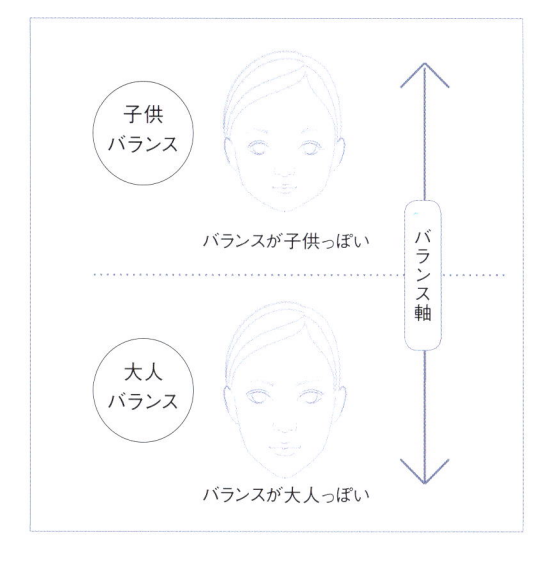

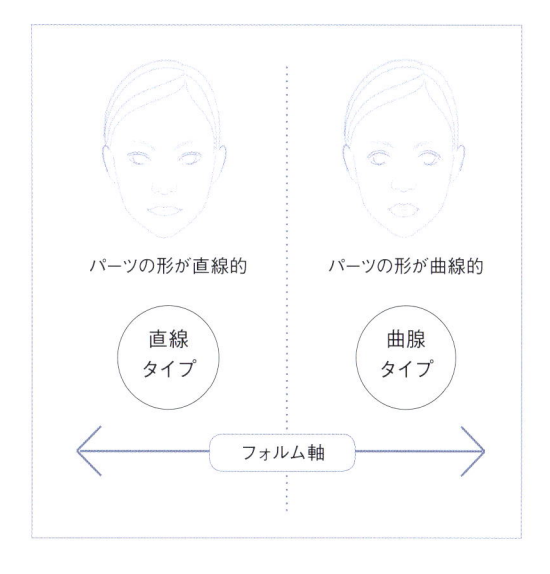

- パーツの形が直線的 — 直線タイプ
- パーツの形が曲線的 — 曲腺タイプ

フォルム軸

★ 実際にモデルNさんの顔を使って分析してみましょう。

STEP ① 「バランス軸」で分析

- 顔の長さは平均に近いが、やや頬からアゴまでが長め

→ 大人バランス

STEP ② 「フォルム軸」で分析

- パーツ（目）が曲線的
- 顔の輪郭に丸みがある

→ 曲線タイプ

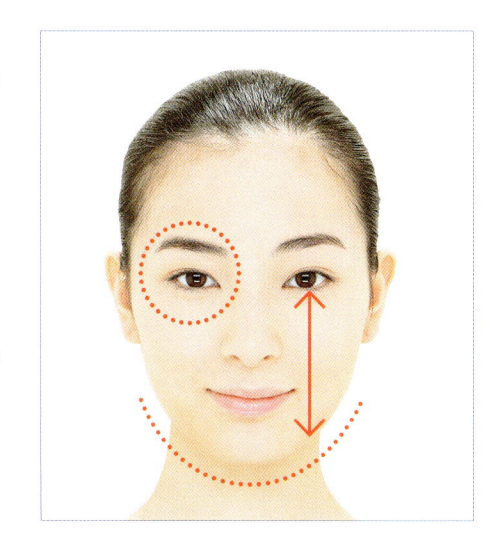

分析結果

- 顔が平均に近いがやや長い
- 目が丸い
- 頬が長い

Nさんを「顔立ちマップ」にあてはめてみると…

子供バランス／直線タイプ／曲腺タイプ／大人バランス — Nさん

Map of "Word & Color" Image

"ワード"と"色"が持つイメージ

メイクアップ演出の方向を決める時に、参考になるワードや色をまとめています。

イメージワード

………メイクアップのイメージを考える時に、ワードの持つ世界観を具現化するのに役立ちます。他にもその領域に入るワードがあります。考えてみましょう。

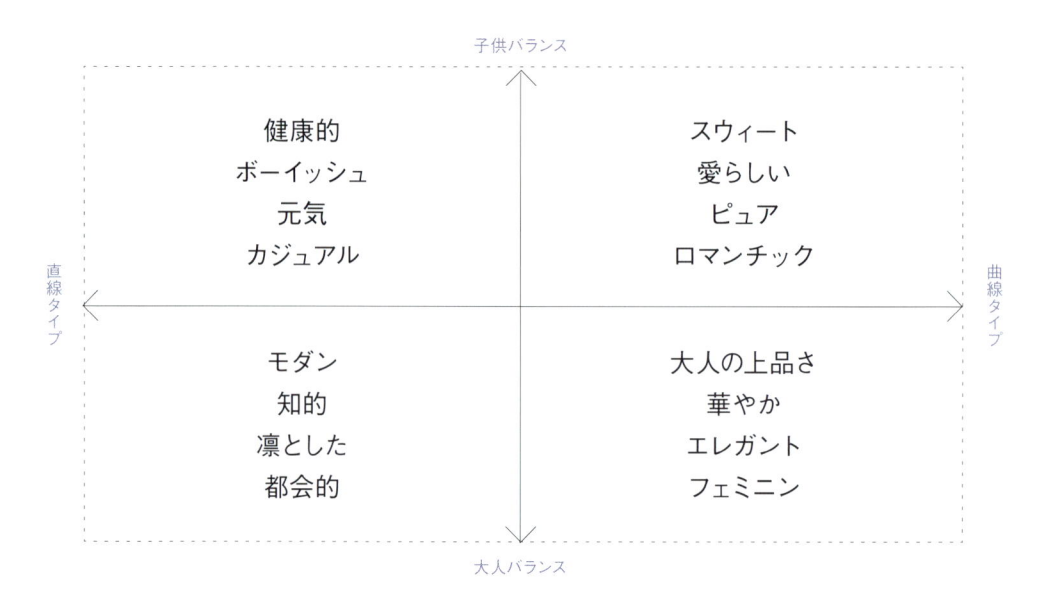

子供バランス

直線タイプ	健康的 ボーイッシュ 元気 カジュアル	スウィート 愛らしい ピュア ロマンチック	曲線タイプ
	モダン 知的 凛とした 都会的	大人の上品さ 華やか エレガント フェミニン	

大人バランス

カラーマップ

………色相やトーンの組み合わせで、イメージを考えていきましょう。

淡い色・明るい色

赤みのない色	フレッシュ・活発	キュート・かわいらしい	赤みのある色
	クール・シャープ	やさしい・女らしい	

濃い色・暗い色

096

Direction of the Image
イメージの演出

顔立ちマップ（P94）、イメージワードとカラーマップ（P96）をベースにしています。

子供バランス

バランス軸

フレッシュ・活発

キュート・かわいらしい

直線タイプ ──── フォルム軸 ──── 曲線タイプ

スタンダート

クール・シャープ

大人バランス

やさしい・女らしい

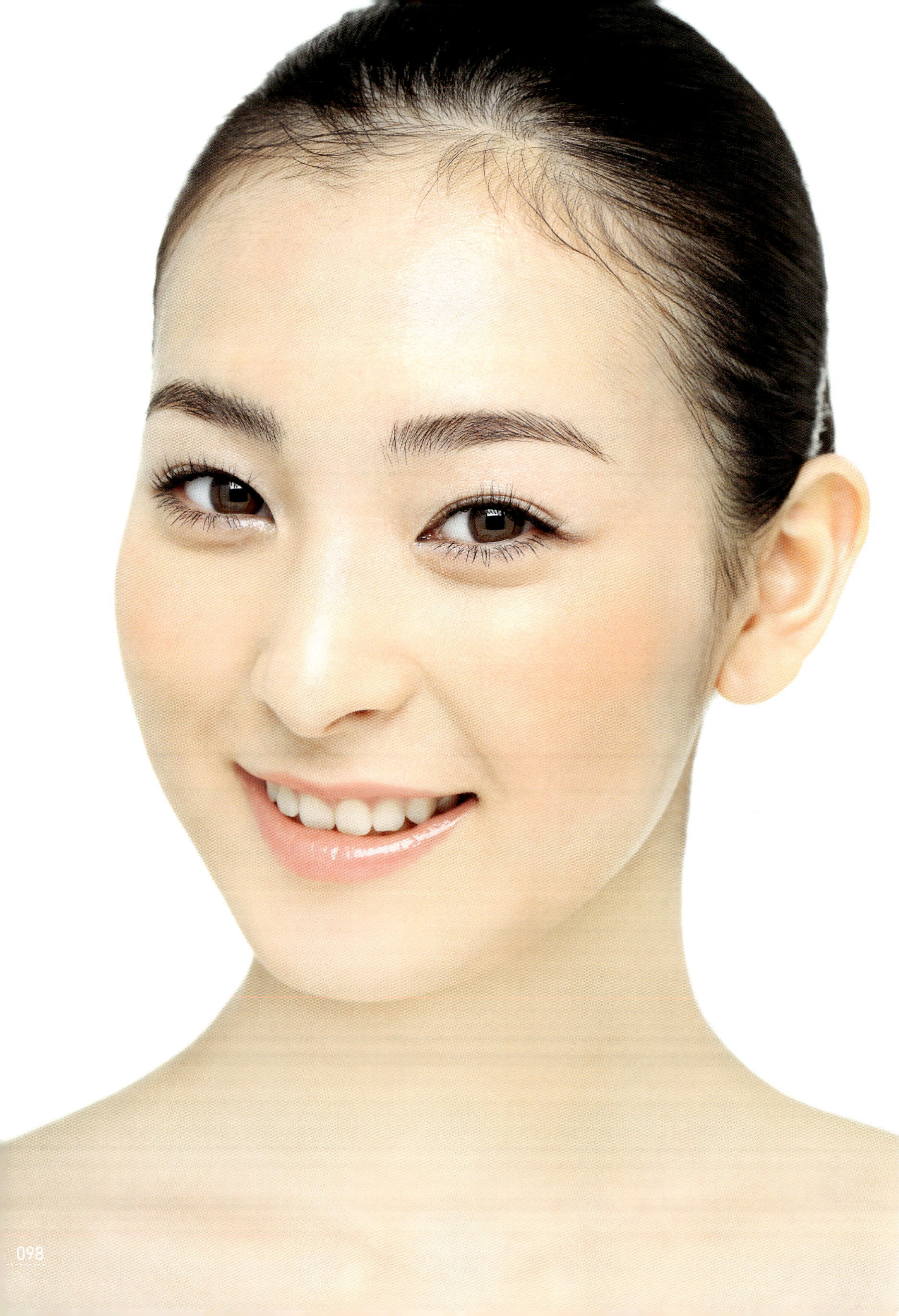

Image: Fresh

イメージ：フレッシュ

健康的でシアーな肌に仕上げ、明るく元気な印象に。

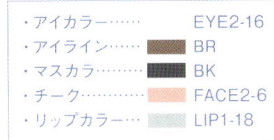

- アイカラー……… EYE2-16
- アイライン……… BR
- マスカラ………… BK
- チーク…………… FACE2-6
- リップカラー…… LIP1-18

1 素肌感を生かすために、コントローラーで肌の色むらを均一に整えます。

2 気になる目の下のくすみを、コンシーラーで消し、シアーな肌に仕上げます。

3 スクリューブラシで、眉頭から整え、直線的で短めの眉にします。

4 クリームタイプのアイシャドーを、上まぶた全体にぼかし、透明感とツヤを与えます。

5 下まぶたの目頭部分は、細いブラシでパールの輝きを添えます。

6 上下のまつ毛に、コームタイプのマスカラを1本1本丁寧に塗布します。

7 さらに、上まつ毛のインサイドにブラウン系のラインを引き、目に力強さを出します。

8 チークは、頬の高い位置に横長にぼかし、若々しさを演出します。

9 仕上がりです。

100

Image : Cute
イメージ：キュート

ふわっとしたツヤを抑えた肌に仕上げ、目もとをパッチリと大きく可愛い印象に。

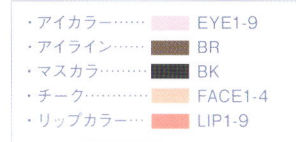

- アイカラー……… EYE1-9
- アイライン……… BR
- マスカラ………… BK
- チーク…………… FACE1-4
- リップカラー…… LIP1-9

1　ふわっと柔らかな肌づくりをするために、頬にパウダーをのせます。

2　眉毛を起こしながら、ブラウン系の眉マスカラをつけ、ソフトな印象に仕上げます。

3　アイホール全体に、ピンク系のアイカラーをのせます。

4　下まぶたにもピンク系のアイカラーをのせます。

5　まぶたの中央に、やや太めにアイラインを入れ、目を大きく見せます。

6　マスカラはまぶたの上下に重ね塗りをして、長さとハリを出します。

7　チークはオレンジ系で、頬の中心に丸くぼかします。

8　透明感のあるリップを、輪郭を取らずに唇の中央から全体に塗ります。

9　仕上がりです。

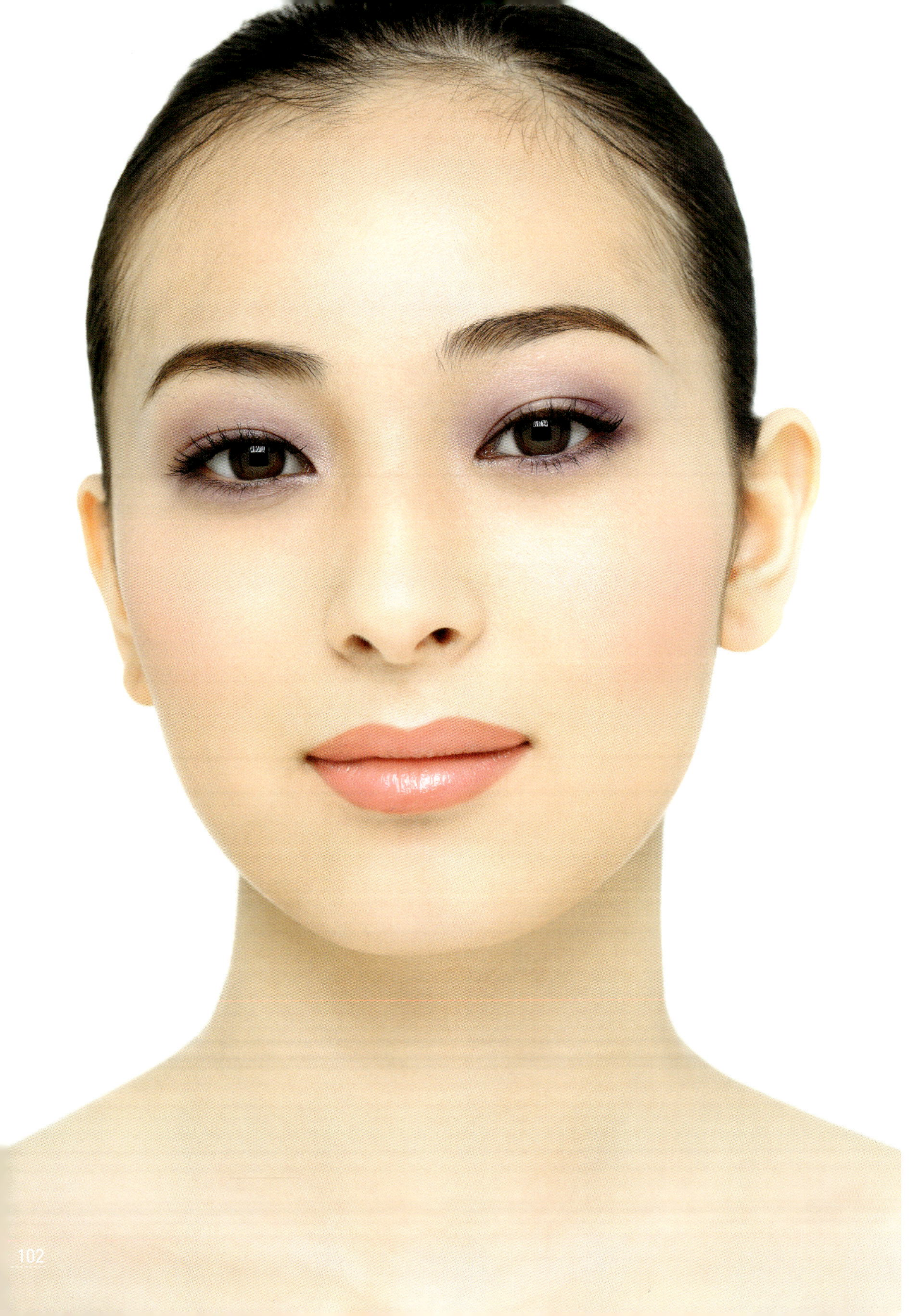

Image : Gentle

イメージ：やさしい

自然なツヤ感のある肌に仕上げ、
上品でエレガントな印象に。

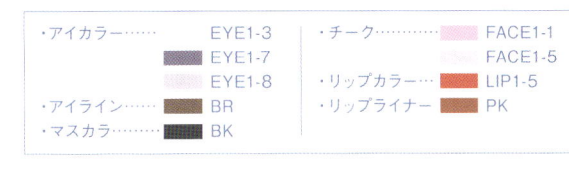

・アイカラー……	EYE1-3	・チーク……	FACE1-1
	EYE1-7		FACE1-5
	EYE1-8	・リップカラー…	LIP1-5
・アイライン……	BR	・リップライナー	PK
・マスカラ………	BK		

1 アイペンシルで、眉山から眉尻へ曲線的なやや長めの眉を描きます。

2 ブラシ（中）で、アイホール全体にライトカラーをぼかします。

3 パープル系のミディアムカラーを、アイホールの内側にブラシ（小）でぼかします。

4 さらにダークカラーを、目頭と目尻にチップでぼかします。

5 上まぶたに自然なグラデーションで、立体感のある目もとに仕上げます。

6 アイラインを、まつ毛の際全体に細く入れます。

7 チークカラーは、頬骨に沿って楕円形にぼかします。

8 口紅は、少しアウトカーブ気味に描きます。

9 仕上がりです。

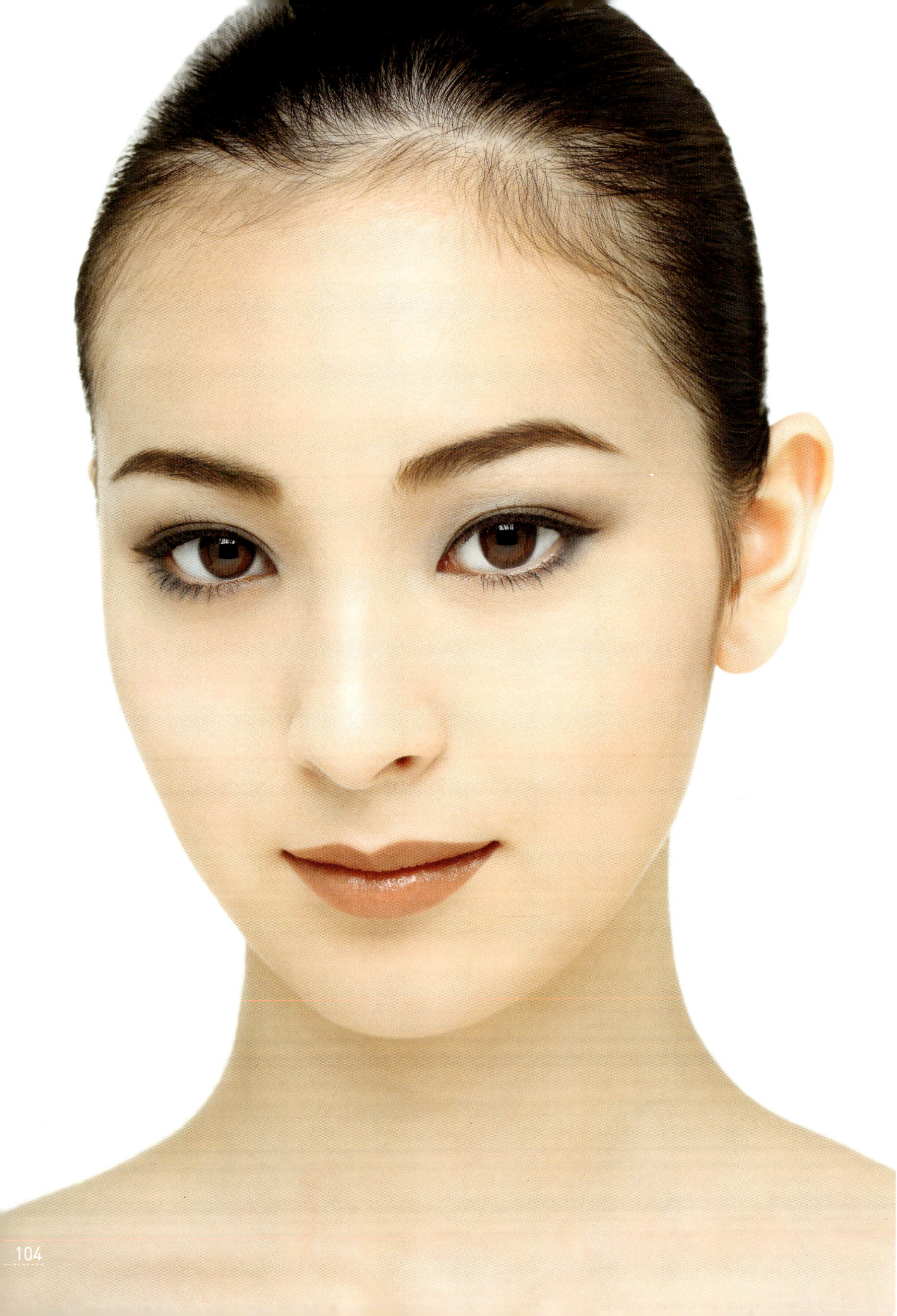

Image : Cool

イメージ：クール

ややマットな立体感のある肌に仕上げ、
切れ長の目もとでシャープな印象に。

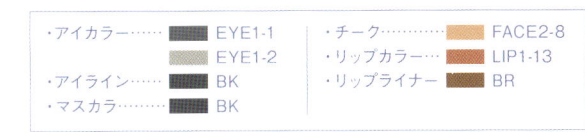

・アイカラー……	■ EYE1-1	・チーク……	■ FACE2-8
・アイライン……	■ EYE1-2	・リップカラー…	■ LIP1-13
・マスカラ………	■ BK	・リップライナー	■ BR
	■ BK		

1 眉が直線的になるように、足りない部分を描き足し、

2 角のある知的な眉に仕上げます。

3 上まつ毛の際全体に、細いチップでダークカラーをのせます。

4 その境目をミディアムカラーで、アイホールまでグラデーションにつけてぼかします。

5 下まつ毛の際に、細いチップでダークカラーを入れます。

6 上まつ毛の際に、リキッドライナーで目尻をやや切れ長に描きます。

7 眉骨の下に、ハイライトカラーをチップでぼかし、

8 眉頭の下から鼻筋の側面に、シャドーカラーをブラシでソフトにぼかし、立体感をつけます。

9 仕上がりです。

SABFA'S design sheet
デッサン用顔型

メイクアップデザイン用の顔型です。
ハーモニーを重視したり、
コントラストを効かせたり、
色と形をのせてデッサンし、
さまざまなイメージを試しましょう。
コピーして使ってください。

Chapter 06

第6章
個性を演出する
面長・丸顔・四角顔・面長×子供バランス

人の顔はそれぞれ個性的です。ここでは、いろいろな顔型とパーツの特徴を例に紹介しています。色、形、質感、配置バランスの理論を用いて、個性を生かしたり、イメージを変えたメイクアップ表現で、その人の可能性を広げています。

Model Case - 1
「面長」を生かす
→ やさしい 印象に演出

素顔の分析
・頬に長さを感じる
・大人っぽい印象
・パーツが曲線的

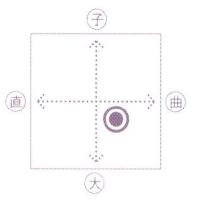

・アイカラー …… EYE2-14
　　　　　　　　　EYE1-7
　　　　　　　　　EYE1-5
・アイライン …… BR
・マスカラ ……… BK
・チーク ………… FACE1-6
・リップカラー … LIP1-3+4

エレガントで女らしい仕上がりに。

子=子供バランス、大=大人バランス、直=直線タイプ、曲=曲線タイプ　○=素のイメージ、●=メイク後のイメージ

1 素の眉を生かしながら、パウダータイプでなだらかな曲線の眉にします。

2 ダークカラーのアイシャドーを上まぶたの際に、チップで入れます。

3 下まぶたにもチップで、目尻から3分の2にダークシャドーを入れて、目尻を締めます。

4 上まぶたのアイホールの内側に、ブラシ（小）でミディアムカラーをぼかします。

5 さらに、その周りにライトカラーをグラデーションでつけます。

6 ブラウン系のアイラインで、上まぶたの際にラインを引き、目の際を強調させます。

Model Case - 1
「面長」を変える
→ スウィートな印象に演出

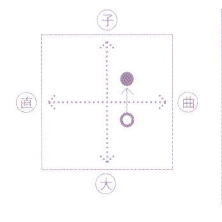

・アイカラー	EYE1-14
	EYE1-15
	EYE1-18
・アイライン	BR
・マスカラ	BK
・チーク	FACE1-3
・リップカラー	LIP2-12

曲線的なパーツを生かして、顔の長さを調整した仕上がりに。

1 ペールトーンのグリーンを、上まぶたのアイホールにのせます。

2 ダークグリーンを、上まつ毛の際に太めの線で描きます。

3 アイラッシュカーラーでカールし、マスカラを上下に1本1本丁寧につけて、まつ毛を強調します。

4 下まぶたの中央にハイライトカラーを入れ、涙袋をつくります。

5 さらに、涙袋の下にソフトなシェードカラーで影をつけて強調します。

6 チークは、頬の中央に横長にぼかして、可愛らしい印象を出します。

Model Case - 2
「丸顔」を生かす
→ キュート な印象に演出

素顔の分析

・丸い顔立ち
・頬に横幅を感じる
・パーツにやや直線を感じる
・キュートとフレッシュの両方を持っている

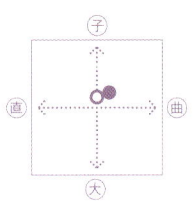

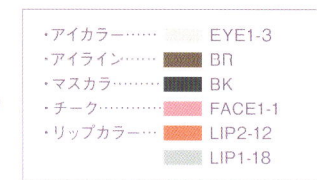

・アイカラー	EYE1-3
・アイライン	BR
・マスカラ	BK
・チーク	FACE1-1
・リップカラー	LIP2-12
	LIP1-18

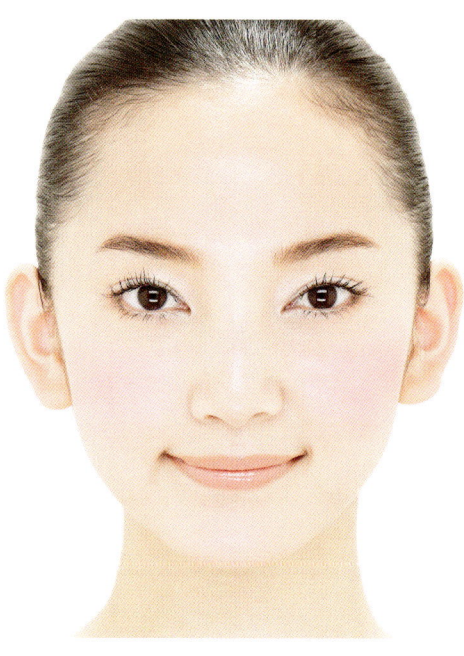

顔の丸さを生かし、若々しく可愛い仕上がりに。

1 輝きのあるハイライトカラーを上まぶた全体にぼかします。

2 さらに、同様のハイライトカラーをチップ（小）に取り、上まぶたの際に入れ、輝きを強調します。

3 マスカラを、上まつ毛の1本1本に丁寧につけて、まつ毛を強調します。

4 下まつ毛は、ブラシ（小）で、同様につけます。

5 チークは、笑った時に頬が一番盛り上がる位置を中心に丸くぼかし、可愛らしさを強調します。

6 透明感のあるリップグロスでツヤを与えます。

Model Case - 2
「丸顔」を変える
→ クール な印象に演出

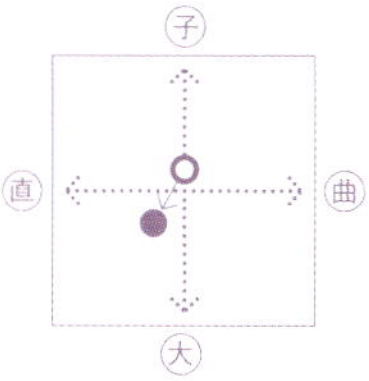

- アイカラー EYE1-3
  　　　　　　　 EYE1-2
- アイライン ...... BK
- マスカラ .... BK
- チーク FACE2-6
- リップカラー ... LIP2-14

顔の丸さを抑え、パーツの直線を生かし大人っぽい仕上がりに。

1 スクリューブラシで眉毛を起こしながら、直線的に整えます。

2 ペンシルで眉尻に長さを足して、眉山から眉尻へ直線的で長めの眉を描きます。

3 アイホールを目安に、ハイライトカラーをぼかします。

4 シルバーグレーのアイシャドーを細チップに取り、上まつ毛の際に細いラインで入れます。

5 リキッドライナーで、目尻からシャープな切れ長のラインを描きます。

6 チークは、頬骨の下からこめかみに向かってシャープにぼかします。

Model Case - 3
「四角顔」を生かす

→ シャープ な印象に演出

素顔の分析

- 顔全体に角を感じる
- 目・眉・口が直線的
- 唇がやや薄い
- フレッシュとクールの両方を持っている

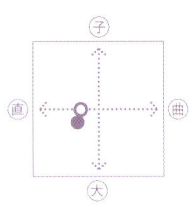

・アイカラー……	EYE2-4
	EYE2-13
・アイライン……	BR
・マスカラ……	BK
・チーク………	FACE2-6
・リップカラー…	LIP1-11

パーツの直線的なラインを生かし、凛とした仕上がりに。

1 眉山を足して、直線的な眉にします。

2 上まぶたは、ダークグリーンのアイシャドーを水平にぼかします。

3 下まぶたの目尻にも、同様のアイシャドーを細くぼかします。

4 上まぶたの際に、ブラウンのアイライナーで細いラインを描きます。

5 細チップで、アイラインに重なるようにダークブラウンをぼかします。

6 チークは、こめかみの下から頬骨に沿ってややシャープにぼかします。

Model Case - 3
「四角顔」を変える
→ キュート な印象に演出

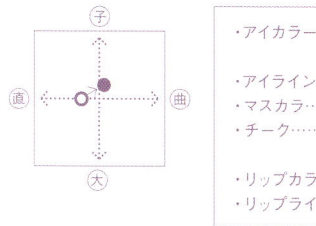

・アイカラー	EYE1-15
	EYE2-14
・アイライン	BR
・マスカラ	BK
・チーク	FACE1-3
	FACE1-5
・リップカラー	LIP1-12
・リップライナー	PK

直線的なパーツに丸みを持たせ、優しくロマンチックな仕上がりに。

1. マスカラタイプのアイブローで眉毛をぼかし、ソフトな印象にします。

2. 上まぶた全体に、ハイライトカラーをぼかします。

3. 上まぶたの際に、ブラウン系のアイライナーをやや太めに入れます。

4. 上下のまつ毛にマスカラをたっぷりとのせ、ボリュームを出します。

5. 笑った時に頬の一番高い位置から広めに、ピンクのハイライトカラーをぼかします。

6. さらに、頬の一番高い位置に、ピンク系のチークを重ね塗りして可愛らしさをアップします。

Model Case - 4
「面長×子供バランス」を生かす → 可愛い 印象に演出

素顔の分析

- やや顔が長い
- 目、鼻、口が下に寄って、額が広い
- 目と目が離れている（遠心的）
- 鼻が短い

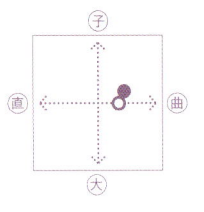

- アイカラー…… EYE1-6 / EYE1-12
- アイライナー…… WT
  （MJ ジュエリングペンシル WT909）
- マスカラ…… BR
  （MJラッシュエキスパンダーエッジマイスターF B666）
- チーク……
  （MJ クリーム デ チーク OR313）
- リップカラー…… LIP1-18 / LIP2-1

遠い心的なパーツを生かし、かれんで愛らしい仕上がりに。

1 自然な毛流れを活かして、アイブローマスカラで眉を整えます。

2 チップで、上まぶた全体にハイライトカラーをぼかします。

3 細チップに赤みのあるブラウンを取り、下まぶたの際全体に細めに入れます。

4 下まぶたの中央のインサイドに、パールホワイトをのせて輝きを出します。

5 ブラウンのマスカラを、上下のまつ毛にたっぷりとのせます。

6 クリームタイプのチークを、頬骨の高い位置に指先で軽く叩きながら、ふんわりとぼかします。

Model Case - 4
「面長×子供バランス」を変える → 知的 な印象に演出

- アイカラー…… EYE2-9
  EYE2-8
- アイライン…… BK
- マスカラ…… BK
- チーク…… FACE2-8
- リップカラー…… LIP1-14
- リップライナー…… BR

顔立ちに立体感を与え、パーツを直線的に変えて、凛とした仕上がりに。

1 アイブローペンシルで、眉を直線的に描きます。

2 ブラックのアイラインで、上昇ラインで切れ長に描きます。

3 目頭にもアイラインを足すことで、目頭が強調されます。

4 ブルーブラックのアイシャドーを、目尻に向かって切れ長にぼかします。

5 さらに、ハイライトカラーを上まぶた全体にぼかします。

6 リップペンシルで、唇の輪郭をストレートに描き直します。

Director
富川 栄

Make-up design&technique
富川 栄
矢野裕子
入江広憲
三島裕枝
渋沢知美

Coordinator
冨田裕子

CG retouch（P21,95 他）
海野かおり

資料提供／株式会社 資生堂

Design：つちやかおり
　　　　副島 満
Cover Artwork：山内和朗
Photographer：原 枝美（SHINBIYO SHUPPAN）
Editor：星 比奈子（SHINBIYO SHUPPAN）

著　者　SABFA（サブファ）
発行者　大久保 淳
発行所　新美容出版株式会社
　　　　〒106-0031 東京都港区西麻布1-11-12
編集部　Tel 03-5770-7021
販売発送営業部　Tel 03-5770-1201
www.shinbiyo.com
郵便振替　00170-1-50321

印刷・製本　凸版印刷株式会社

ⒸSABFA＆SHINBIYO SHUPPAN Co.,Ltd
Printed in JAPAN　2015

2015年4月27日第1刷発行
2019年2月14日第2刷発行
定価（3,800円＋税）　検印省略

この本に関するご意見、ご感想、また単行本全般に対するご要望などを、
下記のメールアドレスで受け付けております。
post9@shinbiyo.co.jp